MÉMOIRES
D'UNE
PETITE CHATTE

FONTENEY ET PELTIER.
PARIS

MÉMOIRES

D'UNE

PETITE CHATTE

Il s'amusait quelquefois à son insu, à me mettre des bonnets en papier.

Fr.

MÉMOIRES

D'UNE

PETITE CHATTE

PAR

Mme CHEVALIER-DESORMEAUX

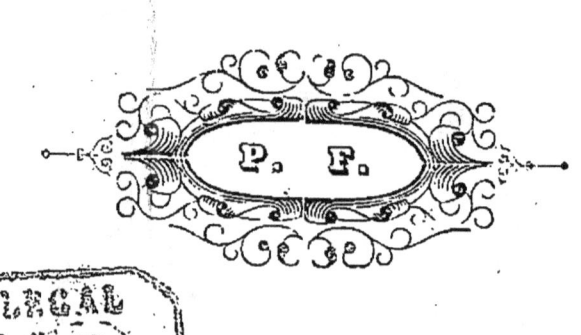

PARIS

FONTENEY ET PELTIER

28, RUE DE CONDÉ

1862

PRÉFACE

Il est une chose qu'on ne peut nier, quelque disposé qu'on soit à aimer, à admirer même son pays : C'est que, au milieu de cette foule de livres français qui s'adressent à toutes les intelligences, à toutes les positions, l'enfance seule a été, sinon oubliée, du moins horriblement négligée.

Notre nation, qui se proclame peut-être à juste titre, la nation littéraire par excellence, est, sur ce point, bien au-dessous de l'Allemagne et de l'Angleterre. Cependant cette classe intéressante de lecteurs, les enfants, est celle qui, ayant plus de loisirs, moins de préoccupations, lit le plus. Les parents sont donc forcés de renouveler souvent leur provision de livres attrayants. Là se rencontre une immense difficulté, c'est-à-dire de choisir entre les lectures trop frivoles, et d'une morale douteuse, que l'on nomme *des contes de fées*, ou les ouvrages excellents, sans doute, dans leur but, mais sérieux dans leur forme, et par conséquent ressemblant beaucoup trop à leurs livres d'études, pour que les enfants en fassent une lecture scrupuleuse, et en recueillent tout le fruit qu'on est en droit d'en espérer.

J'ai essayé, en publiant les *Mémoires d'une petite chatte*, de combler cette lacune, qu'il ne suffit pas de constater. Les parents prudents, qui s'imposent la loi de lire avant leurs enfants les livres qu'ils leur mettent entre les mains, verront que j'ai, si je puis m'exprimer ainsi, pris la *nature sur le fait*. Les enfants que j'ai fait parler et agir, je les ai connus; les petits drames que je déroule, j'y ai assisté. Mère de famille, j'ai consigné dans l'intérêt de mes enfants, toutes mes observations. J'ai fait ce travail *jour par jour*, en y joignant les petits événements dont j'ai été la confidente ou le témoin. C'est le résultat de ces observations que je veux mettre aujourd'hui sous les yeux des enfants.

Une chose dont je me suis surtout bien gardée, c'est de rien présenter à la jeunesse, qui ne soit doux et gracieux, et qui ne laisse que des idées riantes et agréables. Pour mon compte, je ne comprends pas que des parents donnent à leurs enfants des joujoux grotesques, bizarres, souvent horribles. Je ne comprends ces représentations hideuses de la nature que pour les esprits blasés; mais pour ces imaginations naïves et pures, on ne doit leur offrir que des jouets en harmonie avec elles. C'est le moyen d'entretenir dans les enfants le goût du beau, et le sentiment artistique qui est *toujours* en eux, et qui ne varie que lorsqu'on l'a vicié par les joujoux dangereux dont je viens de parler.

Pour exprimer ma pensée en peu de mots, je dirai que le devoir des parents n'est pas accompli totalement lorsqu'ils ont choisi pour leurs enfants d'excellents maîtres ou de bons livres d'étude; mais qu'ils doivent encore veiller à ce que les lectures amusantes de ces enfants ne viennent pas détruire ce que les maîtres ou les livres de morale ont pu leur enseigner de salutaire et de fructueux. Parmi le grand nombre d'enfants que j'ai instruits dans ma vie, il ne s'en est pas trouvé un seul qui ne m'ait demandé, après avoir entendu une de ces histoires que je raconte comme une récompense : Le fait est-il vrai? J'ai toujours pu répondre consciencieusement oui; parce que, dans mes récits rien ne blessait la vraisemblance, et que tout ce que je narrais était bien réellement arrivé, sinon à un seul et même individu, du moins dans le cercle des enfants que j'ai connus et avec lesquels je me suis trouvée en rapport. Plusieurs d'entre mes lecteurs se reconnaîtront sans doute et ce n'est pas à ceux-là, j'en ai l'assurance, que mes simples récits seront le moins utiles.

A

MADEMOISELLE YOLANDE D'ANTIOCHE

Voici, ma bien chère Yolande, un petit livre dont la forme est nouvelle pour vous, mais dont le fonds vous est déjà connu.

Vous y trouverez peints quelques enfants de votre connaissance.

Puisse-t-il vous causer à la lecture, autant de plaisir que j'en ai à vous le dédier.

VOTRE VIEILLE AMIE,

O. CHEVALIER DESORMEAUX.

MÉMOIRES

D'UNE PETITE CHATTE

CHAPITRE PREMIER

LA CURIOSITÉ PUNIE

Je ne me suis pas dissimulé, avant de me décider à écrire mon histoire, que bien des gens me blâmeront. Les uns pourront dire qu'il est contre toute probabilité, qu'une chatte, qu'on regarde ordinairement comme appartenant à une espèce fort sédentaire, ait eu, dans ses trajets d'une cheminée à une autre, des aventures dignes d'être racontées ; les autres, et ce sera le plus grand nombre, prétendront que je ne me suis pas mêlée le moins du monde à la publication de mes mémoires. J'avoue que ces derniers seront excusables dans leurs suppositions, puisqu'ils ont, parmi les hommes, de nombreux exemples qu'ils peuvent citer à l'appui de leurs allégations.

Quels que soient les jugements qu'on doive porter sur mon compte, je n'en persiste pas moins à écrire mes voyages, dans la persuasion où je suis, que mes récits pourront être utiles à ceux qui les liront. Ils verront que les fautes que j'ai commises m'ont attiré plus de chagrins que de plaisirs, et peut-être que la franchise dont je ferai preuve, les engagera à adopter, dans tout le cours de leur vie, le même système de sincérité, à l'aide duquel je m'efforce de me faire pardonner mes étourderies.

Je suis née aux Ternes. Ma première maîtresse habitait le rez-de-chaussée d'une des maisons qui bordent le boulevard de l'Étoile. Ma mère chatte était toute blanche, et de l'espèce charmante qu'on appelle angora.

Je ne puis me dispenser de vous dire quels soins on eut de moi dans cette maison. Je sais bien que ce récit des bontés de ma maîtresse rendra plus odieuse mon ingratitude envers elle; mais je ne veux pas joindre à mes fautes, déjà si nombreuses, celle de cacher la vérité, quelque pénible qu'elle soit à avouer.

Tous les matins, une tasse de lait, le meilleur qu'on pouvait trouver, était mise à ma disposition, et j'y faisais fête. Puis c'étaient des biscuits, des échaudés, etc. Je ne posais la patte que sur les tapis, et le soir un coussin de plumes était mon lit.

J'aurais dû me trouver la plus heureuse bête du monde. Eh bien, non, il manquait quelque chose à mon bonheur, du moins je me le figurais.

Je voyais Tontine, ma mère, sortir souvent dans la journée ; j'ignorais où elle allait. A toutes mes questions, elle répondait que cela ne me regardait pas. Vous jugez si ma curiosité était stimulée! Enfin un jour je résolus de la satisfaire. La nuit commençait à venir; je profitai d'un moment où la porte fut laissée entr'ouverte, et je me glissai, sans être vue, hors du logis.

Je vous ai déjà dit que ma maîtresse habitait le rez-de-chaussée. Je traversai une cour, ce qui me sembla charmant, car c'était nouveau; puis je me trouvai dehors, c'est-à-dire sur le boulevard.

Je fus d'abord un peu effrayée de tout ce mouvement auquel je n'étais pas accoutumée; la maison de ma maîtresse étant fort tranquille; mais peu à peu je me rassurai, et j'osai faire quelques pas hors de la maison.

A ce moment, je ne sais quel bruit effrayant se fit entendre. Je pris peur et me sauvai si précipitamment, que, dans ma fuite, je dépassai notre maison ; lorsque ma frayeur fut un peu calmée, je ne pus la retrouver ; malgré toutes les peines que je me donnai.

Me voilà donc perdue, perdue par ma faute !... et la nuit commençait à épaissir. Ce n'est pas que la nuit par elle-même redoublât mes alarmes, car vous savez que nous autres chats, c'est notre jour. Nous y voyons fort clair. Mais on était au mois d'avril, et il faisait bien froid. Moi qui n'avais jamais quitté le coin du feu... Oh ! que je tremblais de froid et d'inquiétude... Je pensais à ma bonne maîtresse qui me cherchait sans doute ; à Tontine, qui m'appelait, j'en étais sûre. Puis je regrettais mon doux lit de plumes... ma soucoupe de lait chaud et sucré... Oh ! que je maudis ma sotte curiosité et mon imprudence. A ce moment passa près de moi une petite fille. Elle m'aperçut. Oh ! maman, dit-elle à sa mère, voyez ce joli petit chat. Il est perdu sans doute. Permettez-moi de le prendre... Elle se baissa, je me laissai enlever sans difficulté... Voulez-vous me permettre de l'emporter, continua-t-elle. Ma fille, dit la mère, ce petit chat est sans doute à quelqu'un. Il ne faut pas en priver la personne à laquelle il appartient.

Sollicitée par sa fille, la dame demanda à des gens qui se trouvaient là, si on me connaissait. Tout le monde dit que j'étais apparemment un chat perdu. Il en résulta qu'elle se crut autorisée à m'emporter. La petite fille m'avait déjà enveloppée dans son mouchoir. Je n'avais plus froid et je me mis à faire mon *ron-ron*. Ma nouvelle maîtresse était enchantée de ma possession ; et moi, voyez quelle ingratitude, je me trouvais si bien dans cette chaude batiste que je ne pensais pas le moins du monde à la maison que je ne devais plus revoir, ni à ceux qui l'habitaient, et qui sans doute étaient dans la plus grande inquiétude sur mon compte.

Mes nouveaux maîtres demeuraient rue de Mours, dans une jolie maison tout entourée d'arbres. Aussitôt que nous fûmes arrivées, ma jeune protectrice, qui s'appelait Louise, s'occupa à me composer un petit lit de tout ce qu'elle trouva de plus doux ; elle m'y déposa délicatement ; puis elle mit auprès de moi du lait, du biscuit, du poulet, enfin tout ce qu'elle put imaginer de plus friand. Lorsqu'elle m'eut donné tous ces soins, elle s'occupa de me chercher un nom. Elle consulta son père, sa mère, son frère Jules, sa bonne... Enfin il fut résolu que je me nommerais Blanchette, parce que, sans doute, le blanc dominait dans ma fourrure.

Louise était la meilleure enfant qu'on puisse voir. Je ne méritais certes pas d'avoir une si bonne maîtresse. Jamais il ne lui est arrivé de tourmenter ou de battre, sans raison, un animal qui lui est confié, ainsi que, dans le cours de ma vie, je l'ai vu faire à des petits garçons et à des petites filles. Son frère Jules n'était pas aussi doux qu'elle. Il s'amusait quelquefois à son insu, à me mettre des bonnets en papier, ou à m'attacher à la queue de petites boîtes, qu'il me faisait traîner en guise de voiture ; mais Louise prenait toujours à temps ma défense ; et comme, après tout, Jules allait toute la journée en pension, je n'avais qu'à me bien cacher le soir, alors j'évitais toute espèce de tracasserie.

Il y avait à peu près six mois que j'étais chez Louise, et je ne songeais pas du tout à la quitter ; je crois que j'y serais encore sans un événement fort triste qui m'arriva.

La grand'maman de ma petite maîtresse habitait ordinairement la campagne. Comme elle était toujours malade, ses enfants l'engagèrent à

venir habiter près d'eux. Elle y vint
en effet. C'était une assez bonne per=
sonne ; mais elle avait un perroquet
fort gros, nommé *Jack*, qui était un
monstre de méchanceté. Cette horrible bête ne trouvait de plaisir qu'à
faire le mal, et dès le premier jour, je
ne sais pourquoi, il me prit en grippe.
Si dans la journée, pendant que Louise
prenait ses leçons, j'allais selon mon
habitude me coucher au soleil sur le
gazon du jardin, mons Jack venait
traîtreusement me donner de grands
coups de son vilain bec. Je me réveil-
lais en poussant de grands cris ; mais
lui, me poursuivait en riant; car il
riait comme une personne, et ne me
laissait en repos, que lorsque la bonne
venait avec une houssine, prendre
mon parti. J'avais bien, il est vrai,

essayé de me défendre avec mes griffes; mais je n'y avais gagné que de nouveaux coups, et Jack avec son bec pour attaquer, et ses ailes pour se mettre à l'abri de mes ripostes, était presque toujours vainqueur.

La maîtresse de Jack le trouvait le plus gentil du monde. Elle le gâtait, lui passait toutes ses fantaisies, et lui laissait sa liberté dont il faisait, selon moi, le plus mauvais usage.

Ma bonne petite maîtresse prenait le soin de me mettre tous les matins, dans une soucoupe, du biscuit avec du lait, chose que j'ai toujours beaucoup aimée. Eh bien, à peine y avais-je goûté, que cet affreux Jack, à grands coups de bec, venait me mettre en fuite, et gobait mon déjeuner, pendant que, retranchée sous un meuble, je le regardais faire avec colère et désespoir.

Un jour je voulus me venger de toutes ses méchancetés : je le vis sur sa cage, les yeux fermés, digérant mon déjeuner. Je crus qu'il dormait. Je montai sur une petite table, et prenant mon élan, je fondis sur le voleur; me servant à la fois, de mes griffes et de mes dents, je me donnai le plaisir de lui arracher quelques-unes de ses plumes; mais j'eus bientôt lieu de me repentir de mon agression; car Jack furieux, se lança sur moi, et me donna un si violent coup de bec sur l'œil, que je crus qu'il me l'avait arraché. Le sang coula aussitôt avec abondance.

Aux cris que je poussais, tout le

monde accourut. Louise me prit dans ses bras, et me bassina avec de l'eau fraîche. Jack ne fut nullement puni. Sa maîtresse s'écria : Oh! mon Jack est une brave bête... Voyez-vous comme il se bat contre un chat.... Et elle lui donna un morceau de sucre!...

Grâces aux soins de ma jeune maîtresse, mon œil se guérit ; mais mon combat avec Jack eut une suite bien funeste pour moi. Un matin que j'étais couchée sur le lit de Louise, sa mère entra dans sa chambre et lui dit : Tu vois, ma chère enfant, qu'il faut te défaire de Blanchette. Je sais que ce sera un grand chagrin pour toi ; mais qu'y faire ? Jack a manqué de lui arracher un œil. Ces deux animaux ne pourront jamais s'accorder. Il est impossible de demander à ta grand'mère le sacrifice de son perroquet. Elle le tient d'une de ses amies qui est morte, et à qui elle a promis de le garder toujours. Lorsqu'on renferme Jack dans la cage, il devient triste, ne parle plus et refuse de manger. Tu es trop raisonnable pour ne pas comprendre que Blanchette doit céder la place à un animal qui appartient à ta grand' mère.

La pauvre Louise avait le cœur bien gros. Cependant elle n'en fit rien voir à sa mère, de peur de l'affliger, et promit de chercher, parmi ses amies, celle qu'elle croirait capable de me bien traiter; mais sa bonne lui conseilla de me donner à la mère Jérôme, qui était, disait-elle, une bonne femme, et qui désirait un chat, à cause du grand nombre de souris dont elle était obsédée.

CHAPITRE DEUXIÈME

LA MÈRE JÉROME

A mère Jérôme, bien connue de tous les enfants du quartier, était une vieille femme qui vendait des gâteaux. Sa petite boutique était la plus jolie chose qu'on pût voir. Sur des serviettes, blanches comme la neige, étaient posées des assiettes de porcelaine dorée, dans lesquelles, sur du papier de soie découpé à jour, on admirait des gâteaux, de la plus appétissante apparence. A toute heure de la journée, on

trouvait chez elle, des brioches chaudes, qui parfumaient sa boutique d'une odeur délicieuse. Il y avait des choux à la crème, des madeleines, des petits pâtés, des croquets, etc.

Lorsque je me vis transportée dans cet endroit charmant, je l'avoue à ma honte, j'oubliai ma bonne petite Louise. Ma nouvelle maîtresse, la mère Jérôme, me mit un petit coussin sur son comptoir et m'y installa.

Tant que la bonne femme eut les yeux sur moi, je fermai tranquillement mes paupières et j'eus l'air de dormir; mais aussitôt qu'elle eut quitté sa place, je profitai de son absence pour m'emparer de tout ce qui me parut à ma convenance. Je croyais que, puisque je n'étais pas vue, je ne risquais rien. Comme il y avait sur la banquette un petit chien noir nommé *Chiffon*, on pourrait supposer qu'il était le voleur. Je ne me fis donc aucun scrupule, et je me régalai de mon mieux.

Lorsque la mère Jérôme revint, il manquait une brioche et deux meringues ; pour moi j'avais les yeux plus fermés que jamais, et tout semblait constater que je n'avais fait qu'un somme depuis le départ de ma maîtresse. Cependant je frémis quand je l'entendis compter ses brioches.

Une, deux, trois, quatre, cinq, dit-elle, où est la sixième ?

Je le savais ; mais comme vous pensez, je n'eus garde de le dire.

Où est la sixième ? cria la mère Jérôme.

Je me mis à ronfler très-fort.

La mère Jérôme compta les meringues. Il manque deux meringues, dit-elle, où est mon fouet?

A ce mot de fouet, je descendis lestement du comptoir et je cherchai un trou pour me cacher.

Chiffon ne bougeait pas.

La mère Jérôme, ayant trouvé ce qu'elle cherchait, se lança sur mes traces et me découvrit dans le coin où je m'étais cachée.

Elle me saisit malgré ma résistance, et me rapporta sur le comptoir. Elle tenait toujours son fouet à la main. Je tremblais, car je me savais coupable.

J'avais encore à mes moustaches, un reste de la crème qui garnissait les meringues.

La mère Jérôme, après avoir constaté ce fait, me mit le nez successivement sur les deux assiettes ; elle m'administra une dizaine de coups de martinet qui me firent pousser des *miaou* de fureur ; puis elle me mit dans la rue et ferma sur moi la porte de la boutique en s'écriant : Je ferais vraiment de belles affaires, si je gardais chez moi un chat voleur.

Me voilà donc, par suite de ma gourmandise, chassée honteusement, et de plus, fort embarrassée ; car le martinet ne me tentait guère, comme vous pouvez croire ; ainsi j'étais donc sur le pavé, exposée à me voir étrangler par de gros chiens qui passaient à chaque instant, et qui me causaient des peurs effroyables : tout cela pour une malheureuse brioche dont le goût était passé depuis longtemps, et deux meringues, qui avaient affreusement sali mon museau ordinairement si propre.

Pendant que je faisais de bien tristes réflexions, et que je me cachais le mieux que je pouvais derrière une grosse borne, deux petits garçons, revenant de l'école, vinrent à passer. L'un m'apercevant ramassa une grosse pierre, dans l'intention sans doute de me la jeter; mais son compagnon s'y opposa. Pourquoi, dit-il, faire du mal à cette pauvre bête qui ne nous fait rien? Je vais la prendre, je suis sûr que ma sœur sera contente de l'avoir. En disant cela, il se baissa, me prit, sans que je fisse de résistance, tant je tremblais, et me mit dans son panier.

Ce petit garçon si charitable se

nommait Georges. Il appartenait à des parents bien pauvres. Son père donnait des leçons d'écriture dans les pensions, et sa mère travaillait en lingerie. Tout cela était sans doute bien peu productif, car mes nouveaux maîtres paraissaient fort gênés; et pourtant tout était chez eux d'une propreté qui faisait plaisir à voir. La mise des enfants était si soignée, qu'ils paraissaient bien vêtus, quoique leurs habits fussent de la plus grande simplicité.

Je fus ravie de me voir dans un intérieur si bien rangé; car il faut que vous sachiez que personne au monde n'a la malpropreté si fort en horreur que moi : je ne pourrais pas poser mes pattes blanches sur un carreau d'une propreté douteuse, et je crois que j'aimerais mieux me passer de mon lait, que de le boire dans une tasse mal lavée. Je perds dans la journée beaucoup de temps à ma toilette; mais cela est nécessaire à ma santé. Je ne puis comprendre que beaucoup d'enfants fassent tant de difficultés pour se laisser laver, puisqu'on est si fort à son aise, lorsque cette opération est faite; et je ne pourrais ni jouer, ni dormir, si je ne me sentais pas d'une propreté irréprochable.

La sœur de Georges se nommait Fanny; elle avait douze ans, un an de plus que son frère. Elle aidait sa mère dans les soins du ménage, et cousait avec elle. Le soir après le dîner, le père réunissait ses deux enfants à une petite table, et il leur donnait une leçon. C'était un grand plaisir pour moi que d'y assister. Je me plaçais gravement sur la table, et je regardais avec attention. Si les enfants avaient été moins studieux, il est hors de doute qu'on ne m'aurait pas permis de prendre une pareille licence. Que d'autres à leur place auraient essayé de me faire jouer avec le bout de leur plume, ou avec du papier; ou bien m'auraient adressé quelques mots ! Rien de tout cela n'arrivait : la leçon durait deux heures, et pendant ce temps, on ne s'occupait qu'à faire ses devoirs; mais aussitôt que le père avait dit : « C'est fini, tout était rangé sans précipitation, ni lenteur. Puis Georges se mettait à jouer avec moi, mais sans faire beaucoup de bruit; car sa mère n'était pas très-bien portante. Il m'apprit à sauter dans un petit cerceau, à aller à droite et à gauche, selon ce qu'il me disait, à me coucher, à me relever. Cependant il ne me battait jamais. Quand je n'étais pas obéissante, j'étais privée d'un petit morceau de biscuit ou de gâteau, que Georges avait toujours en réserve pour moi. J'avoue que j'obéissais bien un peu pour la récompense, car j'ai le malheur d'être assez gourmande; mais c'était aussi en grande partie pour faire plaisir à mon jeune maître qui était si bon pour moi.

Dans bien des circonstances de ma vie, j'ai vu des enfants à qui on disait : Si tu fais une dictée sans faute, ou une page bien écrite, je te donnerai un croquet, un biscuit, des dragées. Je ne puis m'empêcher de penser qu'on agit avec ses enfants, comme avec des chats gourmands, et que c'est une honte pour eux d'être laborieux ou obéissants pour une friandise. Si j'étais une petite fille, au lieu d'être une chatte, je ne voudrais pas qu'on m'humiliât avec une pareille promesse, et je travaillerais si bien qu'on ne songerait nullement à me faire espérer une récompense indigne d'un enfant délicat. Du reste j'ai toujours remarqué que les enfants qui remplissent leurs devoirs sans l'appât d'aucune promesse, sont toujours mieux récompensés ensuite que les autres.

Dans notre maison demeurait au premier une petite fille nommée

Angéline, que tout le monde avait surnommé *mademoiselle J'ordonne*, à cause de son caractère altier, et de son habitude de commander. Ses parents étaient fort riches, et l'aimaient follement, si c'est aimer un enfant, que de lui passer toutes ses fantaisies. Il y avait plusieurs domestiques dans cette maison. Eh bien, quand cette petite despote avait décidé qu'on en devait remplacer un, sa mère était si faible, que cela était fait tout de suite; aussi était-elle détestée de tous les gens, et c'étaient eux, je m'imagine, qui lui avaient donné ce surnom peu gracieux pour elle. Vous jugez bien qu'on ne l'appelait pas ainsi en sa présence; mais aussitôt qu'elle était partie pour la promenade avec sa bonne, tout le monde jusqu'au portier disait : Ah! quel bonheur! voilà mademoiselle J'ordonne partie! J'entendais ces propos, et cela me donna l'envie de voir une personne dont on disait tant de mal.

Vous savez quelles peines m'a déjà attirées une première curiosité. Cela aurait dû me corriger ; mais il y a tant d'enfants qu'une première punition ne corrige pas !... Enfin passons... mes réflexions n'intéressent sans doute personne, et je suis sûre qu'on a envie de savoir si ma seconde imprudence fut punie. Hélas! oui..... mais vous allez voir.

Je descendis l'escalier, et je me plaçai dans une coin du palier du second étage, d'où je pouvais voir et entendre tout ce qui se passait au premier. Justement la porte de l'antichambre était ouverte, et deux valets de pied s'entretenaient : mademoiselle J'ordonne faisait le sujet de la conversation : Ma foi, Jean, disait l'un, j'ai résolu de demander mon congé. C'est trop désagréable d'être au service d'une petite personne aussi hautaine que mademoiselle J'ordonne. Monsieur et madame sont très-bons ; les gages sont assez forts ; mais je ne puis souffrir plus longtemps les duretés de cette désagréable petite fille.

— Tu as tort de te fâcher, Joseph, répondit Jean ; on se moque d'elle, voilà tout. Je conviens que s'il fallait l'écouter, on serait fort à plaindre ; mais on s'en dispense, et cela vous amuse de la voir se mettre en fureur.

La maîtresse qui vient tous les jours lui donner des leçons, disait hier à madame devant moi, qu'elle ne sera jamais qu'une ignorante, parce qu'elle ne veut rien écouter, et qu'elle ne fait jamais que ce qui lui convient.

Les deux domestiques continuèrent encore quelque temps à se moquer d'Angéline d'une manière si cruelle, que je me sentis une grande pitié pour elle, et que cela redoubla mon désir de la voir. Enfin j'entendis monter l'escalier, et la voix de mademoiselle J'ordonne vint jusqu'à moi. Vous jugez si j'ouvrais les yeux, et si je tendais les oreilles :

Je vous dis que vous êtes une sotte, une méchante, qui ne cherchez qu'à me contrarier, disait Angéline à sa bonne. Je veux ce petit chien, et je l'aurai. Si vous aviez su vous y prendre, on vous l'aurait vendu, Suzette. Vous êtes une mauvaise, une horrible créature, je vous ferai chasser par ma mère, dès ce soir.

— Mais, mademoiselle Angéline, disait la pauvre bonne, vous avez bien entendu ce que j'ai dit à cette dame. Je lui ai donné l'adresse de madame la comtesse, en lui assurant que si elle l'apportait ici, madame votre mère lui donnerait autant d'argent qu'elle en demanderait.

— Laissez-moi tranquille, reprit mademoiselle J'ordonne, vous êtes une bête. Il fallait prendre ce petit chien de force.

— Mademoiselle, dit Suzette, cela aurait été fort mal.

— Vous m'insultez, impertinente, s'écria la petite fille, hors d'elle-même.

A ce moment, elles arrivèrent toutes deux sur le palier. J'avançai la tête pour mieux voir, mademoiselle J'ordonne m'aperçut :

— Oh! le joli petit chat, dit-elle... Je veux ce chat.... Je le veux tout de suite. A ces mots, j'eus une grande frayeur. Je vous avoue que je ne tenais nullement à devenir la propriété de mademoiselle J'ordonne.

Mais déjà Suzette courait après moi. Elle espérait, en m'apportant à sa maîtresse, calmer un peu sa colère.

J'avais grimpé lestement, et trouvant ouverte la porte de notre logis, j'entrai, et me fourrai précipitamment sous un lit. Suzette frappa à la porte. Oh ! comme j'avais peur !

Suzette trouva au logis la mère de Georges. Elle lui expliqua que sa maîtresse, mademoiselle Angéline, la fille du comte de Séseur, avait envie de m'avoir, et qu'elle la priait de venir s'entendre avec madame la comtesse, sur le prix qu'on voulait de moi.

Ma maîtresse répondit à Suzette, que j'appartenais à son fils, et qu'il ne me voudrait pas vendre.

Suzette eut beau insister, elle n'obtint aucun résultat, et descendit très-mécontente.

Pour moi, j'étais ravie du refus de ma maîtresse.

Un instant après le départ de Suzette, on entendit dans la maison des cris de rage, et des trépignements de pied; puis, par la fenêtre ouverte, les mots de *sotte*, de *bête*, de *vilaine*, arrivèrent jusqu'à moi.

Le soir, au moment de la leçon, pendant que nous étions tous fort tranquilles, on frappa à la porte.

Comme c'était chez nous une chose fort extraordinaire, je courus me cacher. Une dame bien mise entra.

C'était la comtesse. Elle venait prier mes maîtres de vouloir bien me céder; car sa fille avait refusé de dîner, et elle était malade de contrariété. Ma maîtresse prit la parole; elle dit que j'étais la seule distraction de ses enfants, et qu'elle ne voulait point les en priver. Elle refusa poliment; mais enfin elle refusa.

La dame se retira fort triste ; moi j'étais bien contente.

Je vous ai déjà dit que mademoiselle J'ordonne était détestée des domestiques. Ils se réjouirent de la voir en colère, et, comme dans la maison, on connaissait tous mes talents, ils affectèrent d'en parler devant leur maîtresse, afin d'accroître ses regrets.

C'était là une bien mauvaise action de la part des domestiques ; mais ils cherchaient à se venger des méchancetés de leur maîtresse.

Tout ce qu'ils dirent finit par l'exaspérer à un tel point, qu'elle en tomba réellement malade.

On lui apporta plus de cinquante chats ; mais elle ne voulut pas seulement les regarder.

Enfin sa mère se décida à faire une seconde tentative. Elle revint chez mes maîtres et fut si persuasive, disant que sa fille en pourrait mourir, que le petit Georges, me prenant dans ses bras, m'apporta à la comtesse en lui disant : Tenez, madame, puisque vous pensez que cela peut empêcher mademoiselle Angéline d'être malade, je vous donne ma petite chatte, quoique je l'aime bien ; mais je serais coupable, si je refusais de rendre la santé à quelqu'un lorsque je le puis.

La comtesse voulut donner à Georges quelques pièces d'or ; mais il refusa.

Madame de Sézeur, bien joyeuse descendit chez elle.

CHAPITRE TROISIÈME

MADEMOISELLE J'ORDONNE

ANGÉLINE était dans le salon, fort pâle, étendue sur une chaise longue.

Lorsqu'elle vit que sa mère me tenait, elle sauta de sa chaise, en envoyant au plafond, quelques oreillers qu'on lui avait mis sous la tête et sous les bras.

Maman, maman, s'écria-t-elle, voilà donc cette petite chatte. Oh ! que je suis contente. Comme elle est jolie !.. Maman, chère maman, que je vous remercie.

Elle demanda à l'instant du lait, des biscuits, des gâteaux ; mais j'avais le cœur trop serré pour vouloir rien prendre.

Elle ne mange pas, s'écria-t-elle. Pourquoi ne mange-t-elle pas ? Je veux que tu boives du lait, ajouta-t-elle en me prenant la tête, et me mettant de force le nez dans la soucoupe.

Vous ne savez peut-être pas, que la race féline a le bout du museau d'une susceptibilité extraordinaire. Il est bon que je vous en avertisse; S'il vous arrivait un jour, en jouant avec votre chat, de le frapper à cet endroit, vous le verriez tomber *mort* à vos pieds.

Comme je ne fais pas exception à l'usage, vous pouvez juger si cette vivacité de mademoiselle J'ordonne fut de mon goût. Malgré tout le respect que j'avais pour sa hautaine personne, je me retournai lestement et lui donnai un petit coup de griffe sur la main. A la vue de son sang qui commençait à pointiller sa peau fine, de petites taches rouges, elle jeta des cris perçants, et voulut me battre ; mais j'avais profité d'un premier moment de surprise de sa part, pour me sauver de toute la vitesse de mes pattes. Je m'étais fourrée sous un meuble, où j'attendais, non sans trouble, les suites de ma vivacité.

Aux cris et aux larmes de mademoiselle J'ordonne, tout le monde accourut. Elle était tellement en rage, qu'elle ne pouvait parler ; mais sa main blessée et mon absence témoignaient contre moi. Les deux valets que j'avais vus le matin du jour où j'eus le malheur de plaire à mademoiselle J'ordonne, furent appelés en hâte. Ils se mirent à me chercher, et j'entendis les indignes flatteurs et menteurs dire bien haut : Si nous attrapons cette maudite chatte, nous la tuerons pour avoir osé porter la patte sur notre jeune maîtresse. Ah ! pauvre demoiselle, comme elle souffre, cela est pénible à voir.

Et ils fourraient leurs grands bras sous tous les meubles.

Je me sauvai, de place en place, jusqu'à une porte entr'ouverte, et, me glissant dans l'entrebaillement, je montai un escalier sombre, et bientôt je fus hors des atteintes des méchants.

Je m'étais cachée derrière un épais rideau de damas, dont les plis venaient jusqu'à terre. Là, comme je me sentis en sureté, je fermai les yeux et je m'endormis.

Je fus réveillée par les éclats de la voix d'Angéline qui me fit entendre ces mots : Vous êtes tous des maladroits, de n'avoir pas su trouver ma chatte. Elle ne peut être sortie. La porte d'entrée était fermée. Il faut la retrouver, Suzette, il le faut, je le veux.

La pauvre fille cherchait partout en disant minet, minet, minet ; mais *Minet* n'avait garde de se montrer. Pour plus de précaution, j'avais même grimpé dans les plis de damas. Je crois que j'y serais encore, sans un événement tout naturel, qui arriva. Pendant ma fuite la nuit était arrivée, un des domestiques vint pour fermer les fenêtres. Il tira le rideau, et je tombai lourdement sur le parquet. Suzette alors se baissa et me saisit ; puis, malgré mes *miaou*, elle me porta à ma nouvelle maîtresse, qui fut enchantée de me retrouver. Je m'attendais à être bien battue, il n'en fut rien. J'évitai une correction en lui obéissant à l'instant même, quand elle me commanda de manger du biscuit trempé dans du lait qu'elle s'était fait apporter. Je marquai ma soumission, par la célérité avec laquelle je nettoyai de ma langue la porcelaine qu'on me présentait ; et je vous avoue que je trouvai en ce moment quelque plaisir à montrer ma docilité. Le reste de ce jour célèbre se passa assez bien, et lorsqu'il fallut aller se coucher, mademoiselle J'ordonne voulut m'emporter dans son lit, et elle y persista, malgré les observations de sa mère qui savait combien il est dangereux, pour un enfant, de faire coucher un chat dans son lit.

Une bonne nuit me remit de mes fatigues. Le lendemain, j'étais déjà plus familière avec Angéline. Je pris du café avec elle ; puis je lui montrai tous mes talents. Elle en fut enchantée, et tout se passa assez bien, à part quelques tapes que je reçus mais dont je n'osai me venger.

Il y avait déjà un mois que j'étais chez mademoiselle J'ordonne, lorsqu'on lui apporta un serin appri-

Cette petite bête était vraiment fort intelligente. Elle chantait sur le doigt, mangeait dans la bouche &&. p. 45.

voisé, fort joli. Cette petite bête
était vraiment fort intelligente. Elle
chantait sur le doigt, mangeait dans
la bouche, venait quand on l'appelait.
Enfin c'était la perfection. On fit à
Angéline l'observation du danger
qu'il y avait à garder un oiseau et
une chatte. Ah, s'écria mademoiselle
J'ordonne fièrement, si Minette mangeait mon serin, je la tuerais. Cette
menace me fit un peu peur ; mais le
lendemain, comme je fus laissée seule
avec l'oiseau, je ne pus résister au
désir de goûter à un mets dont je
n'avais aucune idée, mais qui me
semblait délicieux. Le serin dormait
la tête sous l'aile, sur le dos d'une
chaise..... Je montai doucement....
et.... épargnez-moi cet aveu difficile... je.... je le trouvai délicieux.

Après ma mauvaise action, je restai confondue. Je me souvenais que ma maîtresse avait dit qu'elle me tuerait, si je mangeais son oiseau, et..... il n'en restait plus que quelques plumes...... Je ne songeai plus qu'à la fuite.

Mademoiselle J'ordonne et Suzette étaient à la promenade. Les deux valets balayaient l'antichambre, la porte de sortie était ouverte; je me glissai dehors avec l'intention de monter chez Georges ; mais, à ce moment, deux hommes descendaient l'escalier, portant une commode : j'eus peur, et au lieu de monter, je descendis. Personne n'était dans la cour, je me réfugiai sous la remise, une voiture s'offrit à mes yeux, j'y vis une bonne cachette. La glace était baissée, je me fourrai sous un manteau qu'on avait laissé sur les coussins, et là, tranquille sur mon sort, me croyant bien cachée, je m'endormis.

Je fus réveillée par un vacarme affreux. Je crus à un des tremblements de terre dont le père de Georges et de Fanny parlait à ses enfants, dans les leçons qu'il leur donnait. J'étais si transie de peur, que je n'osais bouger. Enfin, sans cesser tout à fait, le bruit devint moins fort, et je compris que la voiture roulait sur le pavé de la rue. J'entendais les chiens aboyer ; les fouets claquer ; les marchands crier leur marchandise ; tout cela était nouveau et effrayant pour moi. Enfin je me hasardai à sortir le nez hors du manteau qui m'abritait. Il n'y avait personne dans la voiture. C'était donc moi qu'on voulait promener ! J'en fus fière ; car vous savez que je ne manque pas de vanité ; mais mon orgueil fut promptement abaissé, quand j'entendis le valet de pied dire au cocher, que c'était bien désagréable d'aller chercher mademoiselle J'ordonne aux Tuileries. Je vis tout de suite le danger où j'étais, et je cherchai le moyen d'y échapper. A ce moment, la voiture s'arrêta devant une maison, et le valet de pied descendit, en disant qu'il allait chez la couturière de madame. Vous savez que j'ai la résolution prompte. Pendant ce temps d'arrêt, je sautai lestement par la portière de la voiture, je me précipitai sous la porte cochère, une cave était ouverte... en un instant, je fus à l'abri de tout danger.

Ma bonne étoile voulut que je trouvasse un grand tas de copeaux, sur lesquels je m'étendis mollement, et, l'inquiétude m'empêchant de dormir, je me mis à réfléchir sur ma situation.

D'abord je m'avouai à moi-même, que mes malheurs, et j'en avais eu beaucoup, avaient été presque tous causés par mes imprudences. Ma curiosité m'avait fait perdre deux maîtres qui me rendaient fort heureuse ; ma gourmandise me mettait deux fois sans asile. Si j'avais eu un caractère moins irritable, j'aurais pu me concilier l'amitié de Jack et je serais près de ma bonne Louise, que j'aimais, et dont j'étais aimée. En vérité, pensai-je, j'ai bien mérité toutes les peines qui m'arrivent. Tâchons que l'expérience me rende plus sage, et ne ressemblons pas à ces enfants sans intelligence, qui retombent toujours dans la même faute.

Mes réflexions étaient fort judicieuses ; elles pouvaient me servir à me faire conserver les maîtres que j'aurais par la suite ; mais elles ne me donnaient pas le moyen de me procurer une nouvelle condition. Tout cela était triste, je ne trouvai qu'une consolation à mes maux : c'est que je pouvais dormir en paix.

Je passai deux jours dans la cave, tremblant à chaque instant d'être découverte et chassée à coups de balai. Ma nourriture, je rougis de l'avouer, moi une chatte si délicate ! c'étaient...

oh honte!... c'étaient... des souris... d'affreuses souris... et pourtant, voyez ce que c'est que la résignation, ce mets n'est pas si mauvais qu'on se l'imagine, et je me pris à regretter qu'il n'y en eût pas plus dans la cave qui me servait de domicile.

Enfin le troisième jour, une servante qui vint chercher des copeaux me découvrit. Je me crus perdue... je baissai la tête, m'attendant à recevoir un coup. Pas du tout, cette fille avait bon cœur, elle aimait les animaux ; elle me caressa. Pauvre bête, dit-elle... C'est un chat perdu. Elle baissa sa chandelle, afin de me mieux voir. C'est un angora, dit-elle, une jolie bête ; j'ai envie de l'emporter dans ma cuisine afin d'en chasser les souris. Qui fut dit fut fait, elle me mit dans son tablier et m'emporta dans sa cuisine.

Ma nouvelle maîtresse s'appelait Julie ; c'était une assez bonne fille ; mais vous conviendrez que c'était déchoir, que de passer de mademoiselle J'ordonne, à une cuisinière. Enfin...

Julie me nomma *Pipette*, et me fit un lit dans le bûcher. Quel vilain nom, et quel vilain gîte, en vérité !

Ma cuisinière était tout justement celle de madame Marcout, la couturière de madame la comtesse de Sézeur.

Madame Marcout n'aimait pas les chats ; aussi Julie prit-elle toutes les précautions possibles pour me cacher ; mais il y avait dans la maison un petit chien nommé *Loulou*, qui vint ce jour-là, comme d'habitude, dans la cuisine pour chercher quelques os. Il paraît qu'il devina ma présence dans le bûcher ; car il se mit à aboyer, et à gratter comme un désespéré devant la porte. En vain Julie prit-elle le balai, la pelle, une serviette pour le chasser, il continua à faire un tapage effroyable. Madame Marcout, attirée par les cris du petit chien, vint dans la cuisine. Qu'y a-t-il, Loulou ? dit-elle. Voyez Julie, ce qui peut faire ainsi aboyer Loulou. — Ce n'est rien, madame, dit Julie. — Rien... C'est impossible. Mon chien, si tranquille ordinairement, ne ferait pas tant de bruit pour rien... Ouvrez.

La pauvre Julie obéit, bien honteuse d'avoir menti. La porte ouverte livra passage à Loulou qui se précipita sur moi. Je le reçus avec un bon soufflet qui lui mit le nez tout en sang. Le maudit petit chien recula en poussant des cris de brûlé ! Madame Marcout s'écria : Quelle horreur !... un chat ici... Il a blessé Loulou... chassez cette vilaine bête... Toute la maison accourut aux cris de madame Marcout ; ouvrières, apprenties se mirent en devoir de me donner la chasse. Loulou, revenu de sa première stupéfaction, se mit à la tête de mes ennemis : chacun s'arma de ce qui lui tomba sous la main. Qui un bâton... qui un parapluie. Celle-ci, les pincettes ; celle-là, le balai du foyer. Je crus que mon dernier jour était arrivé... C'en était fait, lorsqu'on sonna à la porte. Julie ouvrit : c'était une dame et une petite fille, qui s'arrêtèrent sur le seuil de la porte, fort surprises de ce qu'elles voyaient.

Madame Marcout s'excusa, en disant qu'un chat étranger s'était introduit chez elle, et qu'on voulait le chasser. — Quoi ! tant de monde contre un pauvre chat ! dit la dame. — Il est très-joli, dit sa fille ; maman, voulez-vous que je le prenne ? — Je le veux bien, mon enfant ; de cette manière nous lui sauverons la vie. On me mit dans un panier fermé, et une apprentie de madame Marcout fut chargée de me porter chez la dame, qui se nommait madame des Rizières.

CHAPITRE QUATRIÈME

LA PETITE FÉE

La libératrice avait deux enfants : un fils, qui se nommait Félix, et une fille qu'on appelait Sophie. C'était une enfant fort douce, et très-appliquée à ses devoirs ; son cœur était excellent, et jamais elle ne cherchait à faire gronder les domestiques. Aussi l'aimaient-ils beaucoup, et dans la maison, on l'avait surnommée la *petite fée*.

Il y avait trois jours que j'étais chez Sophie, lorsqu'un événement assez désagréable, et qui aurait pu avoir des suites très-funestes pour moi, arriva. Il était onze heures et demie du matin, la petite fée faisait ses devoirs, seule dans sa chambre ; j'étais couchée sur un fauteuil, dormant à moitié, et à moitié livrée à mes réflexions ; j'entendis dans la chambre qui précédait celle de Sophie, une voix qui disait : Qu'est-ce que cela me fait, qu'elle fasse ses devoirs, ou non. Je veux entrer pour jouer avec elle. Mais, mademoiselle, disait la voix de la bonne de Sophie, madame a défendu qu'on dérangeât mademoiselle, quand elle travaille. Attendez seulement que je l'avertisse. — Vous m'ennuyez, sotte, avec vos raisons, je veux voir Sophie, je le veux... Je le veux, entendez-vous ? A ce son de voix, à ce ton péremptoire, je ne pus méconnaître... mademoiselle J'ordonne. Elle tomba, plutôt qu'elle n'entra dans la chambre. Je sautai en un clin d'œuil, et me fourrai sous le lit.

Bonjour, Sophie, dit-elle en entrant, ta bête de bonne ne voulait pas me laisser passer. Quelle vilaine fille ! J'espère que tu la feras renvoyer. Elle a été très-impolie avec moi. Sophie répondit doucement que la bonne ne faisait qu'exécuter les ordres de madame des Rizières ; mais, ajouta-t-elle bien vite, aujourd'hui je me suis bien dépêchée, et tous mes devoirs sont finis ; ainsi nous pouvons causer et nous amuser.

Mademoiselle J'ordonne se mit à fureter partout, ouvrant toutes les boîtes, avec une grossièreté sans exemple. Elle cassa une statuette ; mais Sophie, avec beaucoup de politesse, se hâta de dire que ce n'était rien. Si pareille chose était arrivée chez Angéline, je crois qu'elle aurait battu l'imprudente. Quelle différence de caractère entre ces deux petites filles !

Sophie pensant que son amie était désolée de sa maladresse, lui dit pour la distraire : Il faut que je te conte que j'ai une petite chatte, jolie comme un amour, je l'appelle Liline. Elle était là sur ce fauteuil, lorsque tu es entrée. Ta venue lui a fait peur. Liline, Liline, Liline.

Ah ! dit mademoiselle J'ordonne, j'en avais une aussi ; mais elle m'a dévoré un petit serin charmant, et elle s'est sauvée. Oh! l'horreur de bête... si on l'avait pu attraper, je l'aurais tuée à coups de pieds. — Oh! dit Sophie, je suis bien sûre que tu n'aurais pas eu cette cruauté. — Si vraiment... Elle a bien tué mon oiseau. — Mais c'est un animal qui n'a pas de discernement, et je crois que tu ne te mets pas, pour l'intelligence, au niveau d'une chatte. — Je te dis que je l'aurais tuée... ne me contrarie pas... et l'aimable personne donnait sur la table de grands coups de poing. Sophie, qui était la douceur même, ne répliqua pas, et laissa mademoiselle J'ordonne se mettre en colère toute seule. C'est bien la meilleure manière d'agir avec ces personnes hautaines et violentes; on leur prouve qu'on est au-dessus d'elles, et on s'amuse de leur mine grotesque.

Je ne pus, à ce sujet, m'empêcher de faire la réflexion qu'Angéline était bien malheureuse d'avoir une humeur si irritable; elle ne s'amusait nulle part, un rien la faisait pleurer, et elle s'imaginait que tout le monde prenait plaisir à la faire enrager.

Midi sonna, on vint avertir Sophie que le déjeuner était servi. Mademoiselle J'ordonne s'écria que c'était bien désagréable que son amie déjeunât à midi. Moi je déjeûne à onze heures, c'est bien plus commode. Il faut dire à ta maman de changer l'heure: car enfin, quand je viens te voir après mon déjeûner, il est très-ennuyeux que tu me laisses-là pour aller manger.

Tout en maugréant, mademoiselle J'ordonne suivit cependant Sophie dans la salle à manger; et moi je pus sortir de ma cachette, assez contente d'être délivrée de la présence de mon ancienne maîtresse, qui avait conçu contre moi de si fâcheux desseins.

Après le déjeuner, les deux petites filles allèrent se promener, et je ne revis plus mademoiselle J'ordonne de la journée; ce qui ne me fut pas désagréable.

J'ai déjà dit que le frère de Sophie se nommait Félix. C'était un enfant assez doux, et appliqué à ses devoirs. Malheureusement il avait un grand défaut. Je n'ose vous dire quel était ce défaut. C'était.... mais je vais passer pour une menteuse; car cela est si éloigné de toute probibalité qu'un enfant bien élevé soit.... allons il faut le dire. Il était voleur... Oui voleur. Il volait toujours et partout. Dans l'office, c'étaient des croquets ou des fruits; dans le cabinet de son père, des plumes, du papier, chez sa sœur, des sous. Oh!.... Mais je ne vous dis pas le plus affreux, il volait.... ses camarades. C'est horrible; mais c'est exact. Moi j'étais témoin de presque tous ses vols. Je le voyais fureter partout et prendre ce qui lui convenait; puis quand il revenait de chez ses amis, je le voyais cacher des objets, qu'il tirait de sa poche avec précaution. Je fis alors une réflexion qui me fut bien fatale : je me dis que, puisqu'un petit garçon qui n'avait sous les yeux que de bons exemples, qui était toujours accompagné d'un précepteur qui ne lui donnait que d'excellents conseils, se laissait aller au vol, je pouvais bien me livrer au penchant voleur que je cherchais toujours à réprimer en moi. Je volais dans la cuisine, dans l'office, dans la salle à manger. J'étais devenue très-effrontée. A nous deux Félix, nous menacions de mettre bientôt la maison au pillage. Le plus souvent mes méfaits étaient découverts; alors je recevais des coups, soit de la cuisinière, soit du valet de chambre selon l'occasion; mais Félix était plus heureux que moi. Il n'était jamais découvert, jamais même soupçonné. Qui aurait pu penser que Félix des Rizières fût un voleur? Je le trouvais bien heureux d'avoir l'impunité ; mais il ne l'eut pas toujours. Écoutez, écoutez.

Son père avait reçu une pièce de vingt francs toute neuve fort brillante, qu'il voulut garder pour en faire présent à l'un de ses enfants, à la première occasion. Pour ne pas la mêler avec les autres, il la plaça sur la cheminée, sous la pendule. Félix, dont le malheureux vice faisait chaque jour des progrès, vit cette pièce et, pensant que son père l'avait oubliée là, il la prit machinalement et la cacha. Je vis sa mauvaise action; mais j'y fis peu d'attention car je commençais à m'y habituer.

Cependant, monsieur des Rizières s'aperçut de la disparition de sa pièce d'or. Il fit venir son domestique et lui dit : Prosper, je me suis déjà souvent aperçu que l'on me vole. Ce ne peut être que vous; car aucun autre domestique n'entre dans mon cabinet. Aujourd'hui, un louis de vingt francs a été pris. Avouez-moi la vérité, rendez-moi le louis et cherchez une autre place. Le pauvre valet de chambre jura qu'il était innocent; mais monsieur des Rizières, irrité de ce qu'il pensait être de l'impudence de la part de Prosper, le chassa avec éclat de sa maison. Le malheureux partit avec la douleur peinte sur la figure. Je vis tout cela, et j'eus grande pitié; mais je pensai bientôt que Félix avouerait tout à son père. Hélas! il n'en fut rien : le coupable laissa accuser un innocent! Il entendit à table monsieur des Rizières dire, qu'il était fâcheux pour la femme et les enfants de Prosper, qu'il fût un voleur. J'entendais tout cela, et je regardais Félix. Il était impassible en apparence; mais je suppose qu'il souffrait atrocement. Je pense même que mon regard lui faisait mal; car j'avais été témoin de sa mauvaise action. Enfin un jour on reçut la nouvelle que Prosper, deshonoré, ne pouvant trouver de place, incapable de surmonter les reproches de sa femme, les pleurs de ses enfants était devenu fou. Félix était dans le salon pendant cette conversation, il devint fort pâle, et se trouva mal. Sa mère inquiète le fit porter dans sa chambre, et s'y rendit elle-même : je les suivis.

Félix, revenu à lui sous les baisers de sa mère, demanda qu'on le laissât seul avec elle, et à voix basse, les larmes aux yeux, il avoua son crime. La pauvre mère était attérée. Enfin elle dit à son fils : Félix, je ne puis prendre sur moi de décider dans cette grave affaire. Il faut que j'en parle à votre père. En effet, madame des Rizières revint au salon, et prenant à part son mari, elle lui fit l'aveu de la faute de son fils. La pauvre mère était aussi tremblante, que si elle eût elle-même commis cette mauvaise action. Monsieur des Rizières, en entendant cette confession inattendue, ne prononça pas une parole et se retira dans son cabinet.

Une heure après il monta chez son fils. Je le suivis ; car l'histoire d'un voleur m'intéressait à un point que je ne puis exprimer; mais au moment que je croyais franchir le seuil, monsieur des Rizères me chassa fort poliment, et ferma la porte avec soin. Je fus très-contrariée de ne pas voir ma curiosité satisfaite; et pour me consoler, j'allai croquer un baba, qu'un domestique négligent avait laissé dans l'antichambre.

Le soir, après le dîner auquel Félix n'assista pas, monsieur des Rizières fit assembler toute sa maison, ainsi placée : madame des Rizières et sa fille, le précepteur, les domestiques; puis le portier; une porte s'ouvrit, et le malheureux Prosper, sa femme et ses enfants entrèrent. Monsieur des Rizières alors alla chercher son fils, qui parut un instant après, pâle et consterné. Monsieur des Rizières alors tenant Félix par la main s'avança vers Prosper. Prosper, dit-il, je vous demande, au nom de mon fils, pardon de tous les maux que vous avez endurés. Allons Félix parlez, ajouta-t-il.

Le malheureux enfant d'une voix tremblante dit alors : Moi, Félix des Rizières, devant mon père, ma mère, ma sœur, mon précepteur, et tous les domestiques de la maison, je déclare que c'est moi qui ai pris dans le cabinet de mon père, une pièce d'or ; je déclare, en outre, qu'ayant entendu accuser Prosper de ce vol, je n'ai rien dit, de crainte d'avoir à rougir de ma mauvaise action. Je demande pardon à Prosper du tort que je lui ai fait, et à mon père et à ma mère, du scandale que j'ai causé dans leur maison. A ces mots, le coupable repentant fléchit un genou devant son père. Madame des Rizières, Sophie, toutes les femmes fondaient en larmes.

Après cet acte de courage, Félix rentra dans sa chambre ; huit jours après, il partait pour le collége d'Orléans, sans avoir la permission d'embrasser sa mère et sa sœur : ce fut sa punition.

Prosper reçut une assez forte somme d'argent ; et de bons soins lui ayant rendu la santé, monsieur des Rizières lui facilita les moyens de prendre un petit commerce, où il réussit parfaitement, parce que c'était un honnête homme.

L'aventure de Félix me fit une très-forte impression; une autre, qui me fut personnelle, et qui arriva quelques jours après son départ m'impressionna plus encore.

Un jour, ou plutôt une nuit que je descendais, selon mon habitude, dans la cuisine pour voir si la cuisinière avait été soigneuse, et n'avait rien laissé traîner, j'aperçus sur la table une grande boîte à laquelle je fis peu d'attention; mais ce qui me sembla plus intéressant, ce fut une aile de poulet posée délicatement sur une belle feuille de papier sur cette boîte. Je ne fis qu'un saut depuis la terre jusqu'à ce mets délicat; mais, ô erreur! la feuille de papier cède sous mon poids, je touche au fond de la boîte;

un lourd couvercle retombe sur moi. Me voilà prise... moi une chatte supérieure, comme une vulgaire souris.

Je ne puis vous exprimer ma rage et ma douleur. Vous la devinez. Je passai ainsi la nuit. Au matin j'entendis plusieurs voix dans la cuisine; la cuisinière parla la première : un chat est pris, mon piége était bon, dit-elle. Alors on agita la question de savoir ce qu'on allait faire de moi. La cuisinière voulait ouvrir la boîte; mais le valet de chambre l'en empêcha. Gardez-vous en bien, dit-il, ce chat sera furieux, et il nous sautera au visage. Il vaut mieux porter la boîte, telle qu'elle est, dans le grand baquet plein d'eau qui est dans la cour. On mettra un ou deux pavés dessus, et en dix minutes tout sera fini. Cette idée barbare prévalut, et on allait la mettre à exécution, lorsqu'une troupe de soldats, musique en tête, passa dans la rue, envoyant des flots d'harmonie au fond de toutes les maisons. Les domestiques voulurent voir le régiment; mais les fenêtres de la cuisine étant trop élevées, il fallut monter à l'office. Tous jusqu'au marmiton s'y rendirent. A peine mes bourreaux étaient-ils sortis, qu'une petite laitière de onze à douze ans, qui venait tous les matins apporter sa délicieuse marchandise, entra dans la cuisine. Oh! oh! dit-elle, la cuisinière a sans doute encore acheté un nouveau bonnet. Comme elle est coquette! Il n'y a personne, je puis le regarder. Elle soulève le couvercle et..... vous devinez ; voilà pourquoi aujourd'hui vous lisez mes mémoires, qui, sans la laitière, auraient été noyés avec leur auteur dans le baquet de la cour.

La petite fille, épouvantée de son action, s'enfuit précipitamment par une porte ; moi je me sauvai par une autre, et j'eus encore le temps d'entendre la clameur qui fut poussée, à leur retour, par tous les domestiques désappointés.

Cette aventure humiliante, jointe au souvenir de celle de Félix, me dégoûta du vol, et je crois que ce fut heureux pour moi.

Si ma bonne petite Sophie s'était douté de ce qui venait de m'arriver, elle en aurait été très-triste ; car elle m'aimait beaucoup; je l'aimais aussi extrêmement. Cependant je faillis la quitter bien malgré moi à cette époque. Je vous dirai dans le chapitre suivant à quelle occasion.

CHAPITRE CINQUIÈME

LA DINETTE

OPHIE aimait beaucoup faire des *dînettes* : elle invitait ses amies les plus chères ; puis on mangeait des gâteaux, des sandwichs, etc., on prenait du thé avec de la crème et des tartines. Je vous assure que ces dînettes étaient fort agréables, surtout pour moi, qui attrapais tantôt un gâteau, tantôt un peu de jambon, tantôt une tasse de lait. Au surplus, mon couvert était toujours mis dans ces circonstances sous un

fauteuil, où, quoique je fusse cachée, on ne m'oubliait pas.

Un jour, pour fêter l'anniversaire de sa naissance, elle résolut d'offrir une dînette. Je me rappelle que les préparatifs l'occupèrent pendant deux jours. Elle nettoya sa porcelaine et son argenterie, puis elle s'appliqua à ranger avec symétrie les fruits et les autres éléments de l'*illustre dînette*. Sa mère aimait beaucoup la voir se livrer à cet amusement qui prépare les petites filles aux occupations que leur garde l'avenir. En conséquence, madame des Rizières lui abandonna différentes bonnes choses, et de plus elle commanda à Marguerite de faire un grand gâteau aux fruits, uniquement pour la dînette. Il faut avouer que le talent de Marguerite ne se bornait pas à tendre des piéges à chats, mais qu'elle avait aussi celui de confectionner des pâtisseries qu'on mangeait des yeux avant d'y mettre la dent.

Lorsque la partie friande de sa dînette fut réglée, Sophie s'occupa d'envoyer ses billets d'invitation. Elle pria Mesdemoiselles Marie et Jeanne d'Orfeuille, Cécile de Marennes, Odette de Biré, Emma de Sérisy, Clémentine de Naillant et une jeune Russe fort aimable nommée Olga Latinoff. Je vis avec la plus vive satisfaction qu'Angéline n'était pas invitée. Elle aurait troublé toute la fête!

Le matin du fameux jour, Sophie prépara son couvert, fit de l'eau sucrée, et disposa sur des assiettes de

Chine ses différents petits gâteaux; je l'aidais de mon mieux, dans cette dernière occupation, en gobant les miettes qu'elle jetait, et qui eussent pu nuire au coup d'œil de toutes ces jolies choses.

J'attendais midi avec la plus grande impatience. Enfin la pendule fit entendre les douze bienheureux coups. Les invitées ne se firent pas attendre. Personne n'avait refusé; nous fûmes bientôt au complet, c'est-à-dire neuf, en me comptant. On avait retenu pour servir à table, la fille de la concierge, petite fille de dix ans, fort propre et très-leste. Tout allait pour le mieux et les délices de la dînette allaient commencer, quand le bruit désagréable de la voix de *Mademoiselle J'ordonne* se fit entendre. Elle entra furieuse contre le cocher de sa mère qui s'était arrêté à un embarras de voitures, ce qui l'avait retardée. Elle ignorait que Sophie donnât une dînette, et venait sans façon passer la journée avec elle. Il fallut bien lui mettre un couvert; toutes les petites filles s'entre-regardèrent d'un air contrarié; car elles connaissaient le caractère odieux d'Angéline. Pour moi, j'étais si stupéfaite de son arrivée, que j'avais oublié de me cacher et que je me tenais fort en vue, sur une chaise, près de ma maîtresse.

Tout à coup mademoiselle J'ordonne m'apercevant : Ah ! dit-elle, voilà Minette. A ces mots, elle se lève pour me saisir. La peur me donna du courage et de l'agilité : je lui fis une grimace effroyable, en poussant ce sifflement par lequel nous témoignons ordinairement notre colère ; puis je fis une prompte retraite sous le lit, mon refuge ordinaire contre les dangers.

Mademoiselle J'ordonne devint rouge comme une cerise : Mademoiselle Sophie, s'écria-t-elle, vous avez une chatte qui m'appartient, et vous ne me le dites pas. Cela est fort mal de votre part. Vous êtes une méchante petite fille.

Mademoiselle, dit Sophie : premièrement je ne savais pas que Liline vous appartînt, puisque c'est chez la couturière de maman que je l'ai eue. Ensuite je ne suis pas une aussi méchante petite fille que vous le dites, puisque je rends Liline très-heureuse, et que je refuse de vous la rendre parce que vous voulez la tuer.

Toutes les petites filles regardèrent Angéline avec horreur ; et moi je fis entendre un *miaou* d'indignation.

— Vous ne me la rendrez pas ? s'écria J'ordonne furieuse.

— Non, dit Sophie, avec fermeté.

— Vous me la rendrez, parce que je le veux.

— Je consulterai maman, dit Sophie.

— Et moi je veux que vous me la donniez tout de suite, sans consulter personne, vilaine horreur que vous êtes.

A ces mots, mademoiselle Olga Latinoff se leva, et dit à mademoiselle J'ordonne : Notre amie Sophie a beaucoup trop de patience avec vous, mademoiselle J'ordonne ; elle le doit parce qu'elle est chez elle ; mais nous qui ne sommes pas dans les mêmes conditions, nous ne sommes pas forcées d'avoir le même scrupule. Nous vous disons donc que s'il y a une horreur ici, c'est l'action que vous commettez en ce moment ; et que si quelqu'un est vilain, c'est vous. Vous avez une glace en face de votre gracieuse personne, vous pouvez vous en convaincre. La colère vous a rendue semblable à une grosse figure en caoutchouc qui est sur le secrétaire de mon grand-papa.

Toute l'assemblée éclata de rire, et la colère ayant rendu Angéline muette, Olga reprit : Vous portez partout où vous allez, le désordre et les querelles. Si nous avions pensé que vous dussiez être ici, nous nous serions dispensées de venir, ces demoiselles et moi quoique nous aimions beaucoup Sophie; et si vous restez, nous partirons à l'heure même. Votre affreux caractère vous fermera toutes les portes, et vous n'aurez d'autres distractions que de faire enrager les domestiques de votre mère qui vous détestent, qui se moquent de vous et qui vous ont surnommée : *Mademoiselle J'ordonne.*

Il me serait impossible de vous peindre la colère de mademoiselle J'ordonne. Elle grinçait des dents, elle montrait le poing au plafond; elle roulait des yeux furibonds, lorsque la petite Odette de Biré, enfant de sept ans fort espiègle, s'écria : Si Sophie a prié mademoiselle de Sézeur de venir pour nous amuser par ses grimaces, elle a bien fait, car c'est fort drôle ; mais on aurait pu attendre la fin de la dînette pour commencer la représentation. A ces mots de mademoiselle de Biré, Angéline voulut s'élancer sur l'enfant pour la battre ; mais toutes les demoiselles l'en empêchèrent. Au bruit qui se fit, les bonnes qui étaient dans la chambre d'entrée accoururent, et on poussa mademoiselle J'ordonne près de Suzette, qui l'entraîna dehors, à demi évanouie de fureur.

Après son départ, toutes choses furent remises en ordre, et l'arrivée du gâteau tout chaud rendit la bonne humeur aux invitées qui ne firent que rire et plaisanter jusqu'à la fin de la dînette, de mademoiselle J'ordonne, de ses grimaces et de ses injures.

Le lendemain, madame de Sézeur écrivit une lettre à madame des Rizières pour excuser sa fille ; mais je ne revis plus mademoiselle J'ordonne chez ma maîtresse.

Je m'attachais de plus en plus à Sophie qui était si bonne pour moi. Je lui obéissais en tout. Quand elle disait : Liline, venez m'embrasser, je sautais délicatement sur ses genoux, et j'allongeais ma langue avec précaution sur sa joue ou sur ses mains ; je la comprenais même lorsqu'elle me disait en anglais : *Kiss me, my dear*. Si elle se mettait au piano, je me posais sur l'instrument pour l'écouter. Le soir je me couchais sur un tapis au pied de son lit. Enfin j'étais la plus heureuse bête du monde.

Cependant l'hiver était terminé. Peu à peu, le soleil devenait plus chaud ; le printemps de cette année-là promettant d'être charmant, madame des Rizières décida qu'on partirait le 2 mai pour la campagne. Sophie demanda à sa mère la permission d'emmener sa Liline. L'ayant obtenue, elle choisit une grande corbeille à couvercle, elle la garnit de ouate et de soie, et il fut décidé que mon voyage se ferait couchée confortablement dans cette corbeille. On me la fit essayer huit jours à l'avance, et chaque fois j'y restais deux heures pour m'y accoutumer. Enfin le jour du départ, ma maîtresse garnit ses poches de biscuits pour me régaler en route, et j'arrivai au château de Charmont sans m'être aperçue que je franchissais plus de 150 myriamètres.

Charmont était une magnifique propriété. J'avais, pour me promener, un parc superbe, et pour me livrer au plaisir de la chasse, un grenier assez bien fourni de gibier, consistant en souris noires, grises et blanches. Si je voulais pêcher, il y avait un étang dans le parc, je n'avais qu'à étendre la patte pour attraper quelque goujon imprudent, qui payait de la vie le plaisir de venir happer quelques mouches sur le rivage.

Il y avait à la cave un gros chat noir tout pelé qui s'appelait *Criquet* : ce malheureux voulut faire ma connaissance; mais je le reçus avec dédain et je lui fis comprendre qu'une chatte de salon comme moi ne faisait pas sa société d'un matou de si peu d'importance. Ma fière réponse anima Criquet contre moi, et chaque fois que je passais à portée de sa patte, il m'allongeait un coup de griffe peu caressant.

Sophie fut bien contente de retrouver à Charmont une petite chèvre blanche et noire nommée *Mignonne*, qu'elle aimait beaucoup. Mignonne reconnut parfaitement sa jeune maîtresse, et elle vint lui lécher les mains. Depuis ce temps, Sophie ne faisait pas un pas sans Mignonne, et cela me rendait fort jalouse. Quand ma maîtresse me disait de la venir caresser, je refusais ou je me sauvais, pensant que Sophie aimait mieux Mignonne que moi.

Mes bouderies faisaient de la peine

à Sophie qui essayait de me distraire en me donnant des friandises ; mais mon aveugle jalousie me rendait si stupide, que je refusais jusqu'aux douceurs que l'on m'offrait, et que je restais quelquefois des journées entières dans le grenier à regretter Paris et l'amitié de Sophie.

Enfin un jour que j'avais reçu une correction de Criquet, parce que je l'avais appelé *mendiant*, j'entrai dans le salon, toute pleine de crotte et le poil hérissé : Sophie écrivait à une de ses amies. Je sautai sur son bureau. Allez vous nettoyer, Liline, me dit-elle, vous êtes dégoûtante.

Je me fâchai contre ma maîtresse, et comme elle me mit à la porte du salon, je résolus de quitter la maison à l'instant même. Je traversai le parc au grand galop et je sortis dans les champs. Je vis en face de moi un blé, je m'y jetai et sortis par le côté opposé. Enfin apercevant un bois, j'y entrai résolûment.

Je m'amusai dans ce bois jusqu'au soir, puis ma rancune étant un peu dissipée, je voulus reprendre le chemin du château; mais, hélas! toutes les allées d'un bois se ressemblent et il me fut impossible de reconnaître celle par laquelle j'étais venue. La nuit se passa en recherches vaines, et le lendemain matin, j'étais aussi peu avancée que la veille. Il me sembla même que je m'étais enfoncée dans le bois. J'étais si fatiguée que je me couchai sur l'herbe au pied d'un arbre et que je dormis toute la journée. Je me réveillai le soir mourante de faim. Il me fallut aller à la chasse pour vivre ; j'attrapai un oiseau et je soupai ; mais j'avais le cœur bien triste ; je pensais à Sophie qui disait sans doute en ce moment : Liline est une ingrate, Liline m'a abandonnée. A cette pensée, je ne pouvais m'empêcher de miauler, mais bien doucement ; car j'avais entendu dire qu'il y a dans les forêts des loups affamés, j'avais peur d'en attirer un sur mon individu par mes cris indiscrets ; je maudissais ma sotte jalousie et l'imprudence qu'elle m'avait fait commettre.

Ma vie était fort triste. Quand je ne pouvais atteindre un oiseau, je me passais de dîner ; de plus j'avais soutenu avec de gros rats et des mulots, des combats affreux. J'étais maigre à faire peur, j'étais couverte de blessures, et mon poil était arraché à différents endroits de mon corps; j'avais reçu d'un rat un coup qui m'avait presque crevé l'œil. Enfin j'étais hideuse; le pauvre Criquet que je méprisais tant autrefois, était *un amour* en comparaison de ce que j'étais devenue; mais le comble de mes maux n'était pas encore arrivé.

Un jour que, n'ayant pu attraper d'autre gibier, je courais après un frelon, je sentis tout à coup que le terrain se dérobait sous mes pas, et je dégringolai dans une fosse profonde. C'était un piége à loups. Je fis tout ce que je pus pour en sortir, mais cela fut impossible, et il me fallut attendre mon sort.

Environ deux heures après ma

chute, un paysan et son fils vinrent voir s'il y avait un loup de pris. Au lieu d'un loup, ils me trouvèrent et en furent fort mécontents ; car ils espéraient, voyant le piége tombé, qu'une bête fauve s'était prise et qu'ils auraient la prime accordée en cette circonstance. Voyant qu'ils n'avaient pris qu'un chat, ils allaient me tuer à coup de pierres, lorsque le garçon arrêta le bras de son père en disant : Il faut l'emporter vivant pour prendre les souris qui sont chez nous. Quand il les aura toutes prises, nous le noierons dans la mare.

Le paysan y consentit, et son fils descendant dans la fosse, me prit sans que j'osasse faire de résistance tant j'étais effrayée. Il m'attacha les pattes avec son mouchoir, me porta à sa chaumière, et me lâcha dans une cour sale et fangeuse qui était derrière.

Quelle position pour une chatte délicatement élevée et habituée à ne poser ses pattes que sur un tapis. Dans le bois, au moins je pouvais me coucher sur la mousse; mais dans l'affreux séjour où j'avais été conduite, je n'avais pour lit qu'un ignoble fumier. Je n'avais d'autre nourriture que des souris aussi maigres que moi, et s'il m'arrivait de voler un peu de pain, j'étais battue à outrance par mes maîtres inhumains.

Poussée à bout par tant de maux, je résolus de m'enfuir, et je mis mon projet à exécution le lendemain matin au moment où chacun était occupé de ses affaires. Je traversai le vil-

Je m'approchai de lui d'un air câlin. Pauvre bête, dit-il, comme tu es maigre.　　p. 97.

lage en courant, et bientôt je me vis en pleine campagne.

Le piége à loups m'avait dégoûtée des bois. C'est pourquoi j'évitais tout ce qui avait l'apparence d'en être un. Enfin, à force de marcher, j'arrivai vers le soir de ce jour, dans un gros village plus propre que celui que je venais de quitter : j'étais exténuée de fatigue et de faim.

Sur la porte d'une maison fort pauvre, un petit garçon mangeait du pain bis, trempé dans du lait. Je m'approchai de lui d'un air câlin. Pauvre bête, dit-il, comme tu es maigre; alors il trempa dans son lait une grosse mie de pain qu'il me donna, ce qui me régala bien, je vous assure. Un peu ranimée par cette nourriture, je léchai la main du petit garçon, qui, satisfait de ma reconnaissance, me donna encore un peu de son souper; puis il rentra dans sa maison où je le suivis.

La mère de cet enfant était une pauvre veuve qui gagnait sa vie à aller travailler dans les champs. Ils étaient bien pauvres ; mais le travail et l'économie étaient leurs soutiens, et ils trouvaient encore le moyen de soulager des gens plus pauvres qu'eux.

Voilà quels étaient mes nouveaux maîtres ; car je leur fis tant de courbettes, qu'ils n'osèrent me renvoyer. Le petit garçon, nommé Pierre, me fit un lit assez bon de feuilles sèches, et le lendemain je partageai la soupe qui formait son déjeuner. Je récompensai la mère et le fils de leurs bontés pour moi, en faisant tous les jolis tours que Georges m'avait appris, et je reconnus alors l'utilité des talents qui peuvent coûter quelque peine à acquérir, mais qui sont d'une ressource si grande pour l'avenir.

CHAPITRE SIXIÈME

LES SALTIMBANQUES

Il y avait déjà deux mois que j'étais avec le petit Pierre, et je me félicitais tous les jours d'avoir trouvé un asile aussi agréable. En effet, jamais dans cette maison on n'entendait aucune dispute. Le travail y apportait l'aisance et la tranquillité. Ma maigreur qui faisait autrefois de moi un objet de dégoût, avait disparu ; mon poil lisse et doux me rendait aujourd'hui ce que j'étais réellement, une chatte présentable; mes yeux étaient clairs et brillants; et, n'eût-ce été le souvenir de la petite fée à laquelle je pensais toujours, je me serais trouvée fort heureuse. Le soir, sur la porte de notre cabane, je réfléchissais parfois sur ma destinée tout en ayant l'air de dormir. Je ne pouvais me dispenser de m'avouer que j'avais plus de bonheur que je ne le méritais; car j'avais été curieuse, gourmande, voleuse et jalouse. Enfin je me promettais bien de ne jamais me laisser aller à mes inspirations mauvaises, qui ne m'avaient jamais rapporté que peines et privations.

Sur ces entrefaites, des saltimbanques vinrent dans le village pour y donner des représentations de marionnettes.

Ils établirent leur théâtre justement à côté de notre maison. J'avoue que cela me contraria. Je n'aime pas le bruit, et ces gens en faisaient beaucoup. Ce n'était le matin que querelles et criailleries; et le soir, une musique discordante attirait les spectateurs. Il y avait parmi ces saltimbanques un pauvre chat d'une espèce magnifique, que les mauvais traitements et le manque de nourriture avaient rendu affreux. Le rôle de ce malheureux chat consistait à recevoir, à chaque représentation, une quantité effrayante de coups de bâton, administrés par un horrible polichinelle effronté, criard et cruel, qui frappait sans miséricorde, encouragé qu'il était par les rires d'une foule stupide.

Je plaignais bien sincèrement cette pauvre victime; qui m'eût dit!... mais n'anticipons pas.

Lorsque, retranchée dans notre grenier, je regardais par une fente du volet cet horrible polichinelle, je me demandais quelquefois si c'était un homme fort petit ou un simple pantin de bois. Je voyais qu'il remuait la tête, les yeux, les bras; j'entendais une voix grêle et criarde, qui paraissait sortir de sa tête; tout cela me persuadait qu'il appartenait à l'espèce humaine; d'un autre côté, je n'avais jamais vu des hommes ni même des enfants de cette taille; je résolus d'éclaircir la chose aussitôt que je le pourrais.

Vers cette époque, le malheureux chat, objet de ma pitié, parvint un jour qu'il était mal attaché, à prendre la fuite. Je le vis avec plaisir se sauver en soulevant la toile de la tente; et je me réjouis de le savoir loin de ses persécuteurs.

Lorsqu'on s'aperçut de son absence, au moment de la représentation, une grande rumeur s'éleva dans la barraque. Les uns couraient à droite, les autres à gauche; mais toutes recherches furent vaines, et il fallut y renoncer. Force fut de se passer du fugitif. On le remplaça par une marionnette habillée en diable avec une langue rouge qui lui pendait de la bouche, ce qui me causa une grande frayeur.

Privés de leur chat, les saltimbanques qui d'ailleurs ne faisaient plus de grandes recettes, se disposèrent à s'en aller. Je les entendis faire tous leurs préparatifs. L'idée alors me vint d'aller, avant leur départ, voir de près ce fameux polichinelle. La veille du jour où ils devaient quitter le village, je me glissai donc bien doucement sous la tente, au moment où je pensais que toute la troupe était livrée au sommeil.

Je fus d'abord un peu effrayée, en voyant couchés pêle-mêle : le diable, la princesse, le commissaire, les soldats et le fameux polichinelle, objet de ma curiosité. Cependant le grand silence me rassura et je m'approchais à pas comptés, lorsque... j'en frémis encore... je sentis une main qui s'appesantissait sur moi. Je voulus fuir ; on me serra de plus belle ; puis une voix s'écria : J'ai un chat pour remplacer *Jovial*. Une cage s'ouvrit, une porte se referma, et me voilà prisonnière !...

J'eus beau pousser des miaulements épouvantables, mordre les barreaux de ma cage, gratter la porte avec mes griffes, tout cela ne me servit de rien, et j'entendis avec rage le garçon qui m'avait prise, se féliciter de ce que, ne dormant pas, il m'avait vue pénétrer dans la tente; puis de ce qu'il avait été assez adroit pour me saisir au passage.

Le lendemain au petit jour, toute la troupe se mit en route, et ma cage fut placée sur la charrette recouverte en toile, au moyen de laquelle mes ravisseurs voyageaient.

Si je voulais vous décrire toutes mes sensations, je n'en finirais pas, mais vous les devinez du reste. Vers la fin du jour, on me jeta quelques morceaux de pain trempés dans de l'eau. Je ne pris qu'une petite quantité de cette répugnante nourriture, je me roulai dans un coin de ma prison faisant semblant de dormir, mais en réalité pour songer en paix à ma triste destinée.

Ma curiosité à l'égard du polichinelle n'était plus excitée. Au contraire, je craignais au dernier point de faire connaissance avec lui et son redoutable bâton. Cependant, je sentais bien que ce malheur ne pouvait manquer de m'arriver. Je résolus alors, si l'on me réduisait à cette extrémité, de sauter à la figure du grotesque personnage et de lui arracher un de ses gros yeux qu'il roulait d'une manière si impertinente.

Je suis sûre que j'aurais mis mon projet à exécution, tant j'étais outrée ; mais heureusement pour moi, et pour Polichinelle, je n'en eus pas l'occasion. Le saltimbanque avait plusieurs enfants ; entre autres une petite fille de neuf ans nommée Katty. C'était une petite blonde aux cheveux bouclés, dont la voix était douce et la figure bonne. A la première ville où notre voiture s'arrêta, elle pria son père de ne me pas sacrifier au rôle odieux de recevoir des coups, disant pour raison que j'étais trop petite et trop faible pour un tel emploi ; qu'il fallait essayer de trouver un chat vigoureux, et que pour moi, elle avait imaginé un moyen de m'utiliser sans m'exposer à être rouée de coups. En effet, elle alla chercher une robe de satin vert broché d'argent, une écharpe de gaze d'or et un chapeau Louis XIII orné d'une longue plume. Elle me revêtit de cette brillante toilette, qui était celle d'une grande poupée qu'elle avait; puis elle demanda à son père s'il ne pensait pas que je ferais bon effet sur son théâtre de marionnettes. Cette idée de Katty en fit venir une autre au saltimbanque. Il se souvint qu'il avait dans les accessoires de son théâtre, une calèche qui lui avait servi pour des singes; il m'installa dedans, et moi qui autrefois avais reçu des leçons de bonne tenue, je me prêtai si bien à la circonstance, que je reçus pour ma peine un beau morceau de rôti que je croquai avec délices; car le pain mouillé n'est pas une nourriture bien substantielle, et je me sentais une grande faim.

L'endroit où ceux que je ne puis appeler mes maîtres, sans un grand dégoût, s'étaient arrêtés, était une fort jolie petite ville. Le théâtre fut monté sur une place publique, et la représentation annoncée pour le même soir.

Je vous avoue que depuis que la petite Katty avait parlé en ma faveur, je ne me trouvais plus aussi malheureuse. L'effroi que me causait Polichinelle, la certitude de recevoir une grêle de coups de ce grotesque personnage, tout cela me causait une inquiétude bien naturelle; mais puisque, grâce à la petite

Katty, j'avais un rôle plus élevé et moins périlleux à jouer, je commençais à reprendre de l'espérance; la robe de satin vert et le morceau de rôti, ne contribuaient pas peu à me rendre mon sort supportable. Dès ce moment je regardai Katty comme ma protectrice, et je vins lui lécher la main. Cette preuve de reconnaissance toucha son cœur et lui fit faire le sacrifice d'une ceinture de gaze pailletée, dont elle enrichit ma toilette.

Il y avait dans la voiture un tout petit chien nommé *Cricri*. On lui confectionna une selle de satin; on lui mit une bride en rubans roses, et il fut attelé à ma calèche. Cricri me parut très-vexé de ce nouvel emploi qu'on lui donnait, mais comme vous pensez bien, on ne s'en occupa pas.

A six heures du soir les spectateurs arrivèrent en foule. Pendant qu'on faisait danser les marionnettes, Katty m'habillait. Elle ajouta diverses choses qui me rendaient encore plus charmante, entre autres une paire de mitaines en coton blanc à jours et un éventail qu'elle me suspendit à la patte. J'étais très-impatiente de voir l'effet que je produirais. Enfin je fus placée dans la calèche; une porte fut ouverte pour livrer passage à notre équipage comique. J'étais un peu gênée dans ma robe de satin; mon chapeau maintenu par un ruban de caoutchouc me serrait les oreilles; l'éventail, dont je ne savais pas me servir allait ça et là et me frappait le nez de temps en temps; malgré tous ces petits inconvénients, j'étais assez satisfaite dans ma petite vanité d'attirer les regards. Ce fut dans ces dispositions que je parus sur la scène.

Un immense éclat de rire accueillit mon entrée. Les enfants surtout poussèrent de bruyantes acclamations; mais hélas! mon succès eut une bien courte durée. Du haut de ma calèche, j'aperçus une souris qui grignottait une croûte de pain sur le bord de son trou. En un moment ma toilette, ma dignité, mes devoirs, tout fut oublié. Je saute à bas de la voiture. Ma robe s'accroche à une roue, qu'importe! Je casse ma plume, je brise mon éventail, je mets mes mitaines en loques, et pour comble de malheur, je manque la souris !

La salle pensa crouler sous les rires et les trépignements des spectateurs. Le saltimbanque, derrière la toile, ne partageait pas la joie générale. Je l'entendais qui me traitait de vilaine bête, et qui jurait que je recevrais après la représentation, une quantité indéfinie de coups de cravache.

La petite Katty pleurait la robe de cérémonies de sa poupée, et *Cricri* que ma fuite avait rendu très-ridicule, se démenait dans son brancard comme un enragé.

Je sentis ma faute; je prévis que dès le lendemain, je serais livrée à Polichinelle. Cette idée m'exaspéra. Je profitai du tumulte pour gagner la porte de sortie, et, vêtue comme une marquise *Louis XIII*, je m'en allai chercher un asile dans une ville que je ne connaissais pas.

Figurez-vous ma position : une petite pluie fine commençait à tomber; ma robe à queue traînait dans la boue des rues ; ma plume me battait l'œil gauche, tandis que le droit était entièrement masqué par mon chapeau qui avait glissé de ma tête et s'était placé affreusement de côté; les débris de mon éventail me piquaient les pattes et mon écharpe remontée jusqu'à mon cou, le serrait jusqu'à m'étrangler. Je courais comme une folle, et je vous assure que si un individu de mon espèce m'eût rencontrée dans cet attirail, il m'aurait plutôt prise pour un de ces animaux abhorrés qu'on appelle des singes, que pour un membre de la race féline.

Après avoir traversé je ne sais combien de rues ; je me trouvai enfin hors la ville, à l'entrée d'un petit bois assez touffu. Malgré ma répugnance pour les bois, je n'hésitai pas à m'y jeter tête baissée, pour me cacher et achever de me dépouiller de la parure dont j'étais aussi honteuse à cette heure, que j'en avais été fière quelque temps auparavant.

Je passai toute la journée du lendemain à redevenir une chatte. On ne peut s'imaginer comme il me fallut tirer sur ces chiffons pour les déchirer. Je m'arrachais les poils, je tirais mes moustaches, je je me piquais aux épingles de mon chapeau.

Lorsque enfin j'eus fait voler en l'air la dernière loque, je ne pus m'empêcher malgré la faim qui commençait à me tourmenter, de faire un saut de joie.

Je restai huit jours dans ce bois, vivant comme je le pouvais.

Au bout de ce temps, j'eus une assez vive satisfaction. M'étant approchée de la lisière du bois, j'entendis le bruit d'une charrette. La peur allait me faire prendre la fuite; mais la curiosité me retint à mon poste d'observation. J'eus alors le plaisir de constater un fait qui ne pouvait m'être que très-agréable : les saltimbanques quittaient la ville et je pourrais y rentrer pour y chercher un asile, sans crainte d'être reprise.

J'avais seulement un regret : C'est que ces gens s'éloignaient sans que j'eusse pu m'assurer si Polichinelle était un être vivant ou un pantin. Jamais je n'ai pu être fixée à cet égard.

Je ne pensai donc plus qu'à me caser convenablement. Le soir de ce même jour, je fis une toilette sévère : lissant mon poil, le mieux que je pus, je sortis du bois au moment où la lune se levait. Il faisait un temps magnifique et les rues étaient fort propres. Je vis plusieurs boutiques ouvertes ; mais j'y remarquais des enfants qui battaient des chiens ou des chats ; et je ne voulais pas m'exposer à être maltraitée. Enfin j'aperçus dans un magasin de merceries, une petite fille à la mine si douce, travaillant près du comptoir, que je me décidai pour cette maison. J'entrai dans la boutique en faisant le gros dos et en poussant un petit cri plaintif. La jeune personne leva les yeux. Pauvre chat, dit-elle, est-ce que tu es perdu. Je sautai sur elle et lui léchai la main, ce moyen m'avait toujours réussi : cette fois encore, il eut un bon effet. La petite fille, qui se nommait Annette, ne se sentit pas le courage de me chasser. Bien mieux, elle alla chercher du lait et me le présenta. Me voilà la chatte d'Annette !

La mère de ma nouvelle maîtresse était une pauvre veuve, sans autres ressources que ce petit commerce de merceries. Deux mois avant mon arrivée, elle était tombée gravement malade; elle se désespérait de ce malheur imprévu, mais Annette la supplia de se tranquilliser. Ne vous tourmentez pas, ma bonne mère, dit cette charmante enfant, je vous remplacerai à la boutique autant que je le pourrai. En effet, elle s'acquitta si bien de ses devoirs de marchande, qu'elle ne perdit pas une seule des pratiques de sa mère; de plus, elle remplit les fonctions de garde-malade avec tant de dévouement, que sa mère n'eût pu en trouver une meilleure même pour beaucoup d'argent. Lorsque la boutique était fermée, Annette montait auprès de sa mère. et cherchait à la distraire par le récit de ce qu'elle avait vu ou entendu dans la journée; ou par quelques livres amusants qu'elle lui lisait. La vieille servante qui se nommait Jeanneton, lui obéissait avec la plus grande ponctualité; car elle avait reconnu en sa jeune maîtresse, une sagesse et une égalité d'humeur, bien rares à cet âge.

Vous voyez que j'avais eu du bonheur d'arriver dans une maison aussi agréable et aussi bien tenue.

Tous les matins, je déjeunais avec Annette; puis je prenais sur le comptoir une place qu'elle m'avait assignée. Ma petite maîtresse se mettait à travailler avec ardeur, et moi je regardais les passants, jusqu'à ce qu'un doux sommeil vint clore mes paupières. Nos journées s'écoulaient ainsi dans le tranquille exercice de nos devoirs. Les miens se réduisaient à chasser du magasin les souris qui auraient pu détériorer les marchandises qui le garnissaient.

La maladie de la mère d'Annette n'était pas mortelle. Elle se rétablit donc, lentement il est vrai, mais enfin elle se rétablit, et ce fut un beau jour que celui où elle vint prendre place dans son comptoir. Sa fille lui apporta un joli bouquet et un bonnet qu'elle lui avait brodé dans ses rares heures de loisir.

La bonne dame voulut témoigner à sa fille toute sa satisfaction, en lui permettant de donner le soir même, une petite fête à ses amies. La vieille bonne fut chargée de porter les invitations qui furent toutes acceptées, car Annette était aimée et honorée de tous ceux qui la connaissaient.

Cette petite soirée fut charmante. On s'amusa sans bruit, et chaque invitée avant de partir, remercia la jeune maîtresse de la maison, du plaisir qu'elle avait su lui procurer.

Je me trouvais fort heureuse dans cette maison, et je me promettais bien de ne jamais la quitter; lorsqu'un événement imprévu vint me forcer à changer encore de condition. La maman d'Annette avait une tante assez riche, qui habitait les environs de Paris. Cette vieille dame vivait seule et s'ennuyait beaucoup de ce mode d'existence. Depuis longtemps elle priait ses parentes de venir demeurer avec elle. Enfin un jour, elle leur écrivit qu'elle était fort souffrante, et comme Annette et sa mère avaient très-bon cœur, elles résolurent de tout quitter pour aller soigner leur vieille parente.

Le petit fonds fut vendu. Annette pria sa mère de lui permettre de m'emmener. Cela offrait de grandes difficultés, car on savait que la tante n'aimait pas les chats. Malgré cela, comme j'étais considérée comme une chatte fort raisonnable, il fut décidé que je serais du voyage.

Mes maîtresses furent fort bien reçues comme vous pouvez le croire. Je ne puis dire qu'il en fut autant de moi. La tante avait des oiseaux qui volaient en liberté dans sa chambre et qu'il lui fallut renfermer dès mon arrivée. Au bout de quelques jours, Annette vit avec chagrin qu'elle devait faire un sacrifice au goût de sa tante. Comme elle était fort sensée, elle le fit tout de suite et sans en être sollicitée. Quoique j'y perdisse beaucoup, je ne puis la blâmer : les jeunes personnes ont une foule de distractions, qui manquent aux personnes âgées, il est donc juste qu'elles sacrifient leurs plaisirs pour ménager ceux de leurs parents. Il fut donc décidé, entre Annette et sa mère, qu'on me chercherait une nouvelle condition.

Trois jours après, une bonne portant un grand panier me vint chercher, et ma jeune maîtresse, après m'avoir fait les plus vives caresses pour adoucir notre séparation, me mit elle-même dans le panier qui devait servir à me transporter.

CHAPITRE SEPTIÈME

ENCORE MADEMOISELLE J'ORDONNE!

Mon nouveau domicile était une jolie maison de campagne, située à Auteuil. J'avais pour me promener, un grand jardin; et ma nourriture était délicate et abondante. Cependant je ne pouvais oublier ma gentille petite Annette. J'avais pour maîtres un petit garçon de douze ans, nommé Roland, et une petite fille, appelée Georgine. Roland était bruyant, taquin, entêté, criard; Georgine était la douceur même.

Elle cédait sans murmurer à tous les caprices de son méchant frère; mais cela ne lui servait guère, car elle recevait souvent des coups, ce qui me faisait détester ce mauvais garçon autant que j'aimais sa sœur. Il se plaisait à me faire mille méchancetés : si je dormais sur un banc du jardin, il trouvait plaisir à exciter contre moi son chien nommé Finaud qui, sans lui, n'aurait jamais songé à me tourmenter ; quand je passais sous sa fenêtre, ce garnement s'amusait à me jeter de l'eau, et il riait de ma colère et de mon chagrin quand je voyais ma fourrure toute gâtée. Il m'avait affublée d'un nom ridicule, il m'appelait *Trompette*. Sa sœur lui avait en vain représenté que ce n'était pas là un nom de chat; il l'avait battue et continuait à m'appeler Trompette; malgré que j'affectasse de ne pas répondre à ce vilain nom. Ses domestiques, quoiqu'ils n'aimassent pas Roland, avaient adopté le nom qu'il m'avait donné, et on entendait toute la journée retentir la maison de Trompette par ci, Trompette par là.

Roland eut la fantaisie de me dresser à monter sur le dos de son chien, et de nous faire courir aussi dans le jardin. Vous savez que chien et chat ont fait rarement bon ménage; mais le petit volontaire nous donna tant de coups, à Finaud et à moi, qu'il fallut se résigner, et Georgine, elle-même, quoiqu'elle eut très-bon cœur, ne pouvait s'empêcher de rire, lorsqu'elle me voyait chevaucher sur ma monture de nouveau genre.

Un jour, plusieurs des amies de Georgine se trouvant réunies au jardin avec elle, Roland pour s'amuser, me vint chercher dans la chambre de sa sœur afin de donner aux petites demoiselles, le spectacle d'une cavalcade comique. Je dormais lorsqu'il me vint chercher, et vous jugez si je fus contente. Ce fut donc en miaulant de toutes mes forces, que j'arrivai au milieu de la société.

Mesdemoiselles, dit Roland, permettez-moi de vous présenter une des meilleures écuyères que vous ayez vues : mademoiselle Trompette. Ici Finaud, venez prêter votre dos à votre amie Trompette, qui désire faire une promenade équestre autour du jardin. Finaud s'approcha, l'oreille basse, ne paraissant pas plus content que moi et nous allions nous résigner, lorsqu'une voix qui m'était connue retentit tout à coup à mes oreilles. Cette chatte est à moi : c'est Minette, elle m'appartient, je la veux. A mon grand désespoir, je reconnus la voix de mademoiselle J'ordonne, voix impérieuse et criarde s'il en fut.

Cette bête n'est pas à vous, mademoiselle Angéline, dit Roland. Elle est à ma sœur, ou plutôt à moi.

— Ce n'est pas vrai. C'est ma chatte.

— Non — si : — C'est Trompette. C'est Minette. Mademoiselle J'ordonne s'avance pour me saisir, Roland la repousse. Vous êtes bien effronté, s'écria la petite fille, de garder une chatte qui m'appartient. —

Vous êtes une petite menteuse. A ces mots, J'ordonne se mit à pousser des cris de paon.

Mon frère, dit Georgine, il ne faut pas s'entêter, nous avons peut-être tort. Il se peut que notre chatte ait appartenu à Angéline avant qu'on nous l'eut donnée. Dans ce cas, il faudrait la lui rendre. — Tu n'es qu'une bête, dit Roland, et il lui envoya une bourrade. Toutes les petites filles indignées, le traitèrent de vilain méchant. Roland s'écria que si elles ne se taisaient, il allait les traiter comme Georgine. Ce fut alors une clameur épouvantable. Finaud se mit à aboyer, les bonnes et les gourvernantes s'interposèrent, tout cela fit un tel vacarme, que j'en fus épouvantée ; je me sauvai, peu curieuse de voir la fin de la scène, et j'allai me réfugier dans la chambre de Georgine, tremblant de tous membres, et désespérée de la rencontre que j'avais faite, de mon petit tyran, mon ancienne maîtresse.

Je faisais de fort tristes réflexions, lorsque j'entendis monter. Je me hâtai de me blottir sous une robe de ma maîtresse, laissée sur une chaise. C'étaient la bonne d'Angéline et celle de Georgine qui venaient pour tâcher de me découvrir, afin de me rendre à ma persécutrice.

Voici ce qui était arrivé : Les parents de Roland, irrités de la méchanceté de leur fils, l'avaient condamné aux arrêts pendant huit jours dans sa chambre ; et ils avaient décidé qu'ensuite, il irait au collége. C'est du moins ce que j'appris par la conversation des deux bonnes. Quant à moi, on avait reconnu qu'il était de toute justice de me rendre à mon ancienne maîtresse; et mademoiselle J'ordonne avait décidé qu'elle m'emmènerait sur-le-champ.

Les deux bonnes cherchèrent sous le lit, dans le cabinet de toilette, derrière les rideaux, etc. Elles n'eurent pas l'idée de soulever la robe qui me cachait, j'échappai donc à leurs yeux; et je fus fort contente lorsqu'elles déclarèrent que je n'étais pas dans la chambre. Quand elles furent parties, je pris une résolution rapide. Voyant que je ne pourrais éviter un sort affreux, je voulus m'y soustraire en prenant la fuite au risque de ce qui pourrait m'arriver de fâcheux ; c'était une imprudence de ma part : Peut-être que par une grande douceur j'aurais désarmé la cruelle Angéline ; mais à ce moment, je ne fis pas ces sages réflexions ; je descendis rapidement, je gagnai sans être aperçue la porte du jardin, qui donnait sur le bois de Boulogne, et je me mis à courir de toutes mes forces pour m'éloigner le plus possible de la maison.

Me voici donc encore une fois errante dans un bois. Toute la journée, je me promenai, assez contente de ma liberté ; mais le soir, je commençai à m'inquiéter un peu. Il faisait froid, j'avais faim et soif ; je pensais à ma chère Georgine, et je me désespérais. Enfin comme dans toutes les circonstances de la vie il faut se résigner, et chercher tous les moyens de parer aux malheurs qui peuvent nous arriver, je grimpai dans un arbre et je me blottis le mieux que je pus, sur une branche qui faisait la fourche, où je m'endormis malgré mes inquiétudes et ma faim. Je fus réveillée par une pluie effroyable qui me mouilla complétement, je ne pus me rendormir du reste de la nuit, et je passai ce temps, tout en grelottant, à me repentir de mon escapade.

La pluie cessa un peu avant le jour. Le soleil du mois de mai parut, et je pus me sécher ; mais cela ne calma pas mon appétit ; il fallut donc se mettre en quête d'un asile et d'un déjeûner. Enfin j'arrivai près d'une boutique de gâteaux tenue par une petite fille d'une douzaine d'années. Les gâteaux et le pain d'épice avaient assez bonne mine. Ils étaient posés sur une petite table recouverte d'une serviette très-propre. Ma première pensée fut de sauter sur la table et de voler un de ces appétissants gâteaux. Mais je n'étais plus la chatte voleuse et gourmande d'autrefois. Je préférai demander ce que je désirais. Je m'approchai doucement de la petite marchande, en faisant le gros dos et un gentil *ron, ron*. La petite fille s'écria en me voyant : Pauvre petite bête ! tu as faim... je veux te secourir. Alors elle tira d'un panier qu'elle avait à côté d'elle, un petit morceau de viande froide que je dévorai ; puis elle prit sur sa boutique une brioche qu'elle partagea en deux, pour elle et pour moi. Ranimée par ce déjeûner, je devins plus gaie, je sautais sur elle, et lui fis quelques caresses. Elle fut si touchée de ma reconnaissance qu'elle me donna encore un petit morceau de biscuit.

Je ne puis m'empêcher de faire ici la réflexion que, si j'avais cédé à ma première pensée, c'est-à-dire à la tentation de voler ce que je désirais, je n'aurais problablement récolté que des coups; tandis que le moyen honnête que j'avais employé, m'avait valu un bon déjeûner, et l'amitié d'une marchande de gâteaux ; ce qui est à mon avis, une très-bonne chose pour une chatte embarrassée de trouver à vivre.

Vers le milieu de la journée, une

petite fille avec sa bonne vint acheter des gâteaux. Elle me caressa. La petite marchande raconta mon histoire. C'est une jolie petite bête, continua-t-elle, mais je ne puis la garder, car ma mère a déjà beaucoup de peine à nourrir mes quatre petits frères et moi. Ce n'est même qu'en me privant d'une partie de mon déjeûner, que j'ai pu soulager ce pauvre animal. — Ma bonne, dit la petite demoiselle, voulez-vous que nous emportions cette petite chatte ; je serais si contente d'avoir une angora. Elle paraît douce, et elle n'est pas voleuse, puisque la petite marchande dit qu'elle a mieux aimé demander que de voler ce dont elle avait besoin.

Mademoiselle, dit la bonne, il ne

convient pas à une jeune personne de rien faire sans la permission de ses parents. Nous allons la demander à madame, et nous reviendrons dans un moment.

La petite fille s'éloigna avec sa bonne.

Je ne puis dire que j'étais contente de ce nouvel événement. J'avais vécu tour à tour dans de riches maisons et chez d'humbles et pauvres gens ; de ces diverses situations où j'avais été placée, j'avais pu juger qu'une position modeste et tranquille, est préférable aux dangereux avantages d'une position brillante et élevée. Je me résume en disant, que la petite marchande de gâteaux qui m'avait si bien accueillie, me semblait la maîtresse que j'aurais choisie, si j'avais pu disposer de mon sort.

Cinq minutes après, je vis s'avancer une belle voiture découverte, dans laquelle était une jeune dame fort jolie, et dans une grande toilette. A côté d'elle était un petit garçon aux cheveux blonds et aux yeux bleus. En face, je vis la petite fille et sa bonne.

La calèche s'arrêta; la bonne descendit et vint me prendre pour me présenter à la dame. Ce chat est assez joli dit-elle. Te fait-il réellement envie Céline? — Oh! oui chère maman. — Eh bien je consens à ce que tu le prennes. Tenez Catherine, ajouta-t-elle, en s'adressant à la bonne, donnez ces cinq francs à la petite fille. Elle me prit délicatement et me posa sur un manteau qu'elle avait à côté d'elle.

Je jetai un dernier regard sur la petite marchande, et je la vis rougissante de plaisir, en recevant cette belle pièce toute neuve et brillante. Je ne pus m'empêcher de faire la réflexion que cette fois encore, un bienfait n'avait pas été perdu.

La jolie dame qui allait devenir ma maîtresse, se nommait la comtesse de Savigny. Elle avait comme vous avez vu, deux enfants : un garçon nommé François, une fille appelée Céline.

Lorsque nous fûmes arrivés à l'hôtel de madame de Savigny, dans le faubourg Saint-Germain; la petite Céline m'emmena dans sa chambre, où son frère la suivit. Elle s'occupa avec lui de mon installation : Un coussin placé dans une boîte qui autrefois, je suppose, avait contenu toute une armée de soldats dont il ne restait plus que le tambour major, me servit de lit après qu'on en eut fait déménager le vétéran qui l'occupait. Elle choisit dans le ménage de sa poupée, une soupière de porcelaine bleue, et la consacra à mon usage. Son frère l'aida dans tous ces petits arrangements. Quand tout fut réglé, on s'occupa de me donner un nom. François proposa *Cocotte*, *Mouchette*, *Popotte*. Je tremblais que le mot *Trompette* lui vint à l'idée. J'ai ce nom en horreur! Enfin, après bien des discussions, on s'arrêta à celui de *Mignonne*, dont je fus assez contente. Ma jeune maîtresse s'occupa à me faire un petit collier de velours rouge, sur lequel elle écrivit *Mignonne* en perles d'acier brillantes.

CHAPITRE HUITIÈME

LA BONNE SOEUR

UELLE différence de caractère entre le gentil François et Roland ! et Céline, quelle charmante enfant ! Elle aimait son frère, et l'entourait de mille petits soins délicats. Quoique plus jeune que lui de deux années, elle était bien plus raisonnable. Si elle le voyait triste, elle s'inquiétait, le consolait, lui faisait de petits présents. Dans leurs jeux, elle lui cédait toujours; car François était un peu despote. Il aimait sa sœur, sans doute; mais la vivacité de son caractère était telle qu'il s'emportait quelquefois jusqu'à frapper sa charmante sœur. Bien loin de se plaindre, la petite Céline cherchait à désarmer son frère par la douceur. Elle y parvenait presque toujours, et je puis dire que ces deux enfants étaient le vivant modèle de l'amitié fraternelle, à part les petites vivacités de François; mais un événement qui arriva pendant que j'habitais avec ces enfants, le corrigea de cette funeste et cruelle habitude.

Le petit François un jour se plaignit d'un violent mal de tête; on le mit à la diète, on le coucha, on lui fit de la tisane. Le lendemain, loin de diminuer, son indisposition ne fit qu'augmenter. Le docteur qu'on fit venir parut inquiet. Enfin la fièvre prit le jeune malade, et la maladie fit des progrès. Toute la maison était dévorée de la plus vive inquiétude. Le docteur fit une ordonnance et prescrivit une potion que François devait prendre à minuit. Il ajouta qu'il était de la plus stricte nécessité qu'à l'heure indiquée, le petit malade prît cette potion. Céline et moi, nous étions dans la chambre de François pendant que le médecin faisait cette recommandation à la femme chargée de veiller. A huit heures, la triste Céline se retira avec moi dans sa chambre et se laissa coucher par sa bonne, sans dire un mot tant elle était affectée, elle si rieuse et si folâtre ordinairement. Lorsqu'elle fut au lit, sa bonne emporta la lumière et partit.

De mon lit, j'entendais Céline pleurer et dire à voix basse : Mon Dieu, conservez-moi mon frère. La tristesse de ma jeune maîtresse m'affligeait et m'empêchait de me livrer au sommeil.

Il y avait dans la chambre de Céline une pendule à sonnerie. Lorsque cette pendule annonça minuit, je vis ma maîtresse se lever sans bruit et passer une robe du matin. Comme on avait fait dans la journée des confitures, et qu'on avait laissé sur la table de l'office les pots tout découverts, je supposai que Céline profitait du sommeil de toute la maison pour en confisquer un à son profit : je la suivis en la voyant sortir de sa chambre; mais combien je me trompais ! La bonne petite sœur allait s'assurer si son frère avait pris le remède ordonné par le médecin. Elle entra doucement dans la chambre de François. Une veilleuse brûlait sur la table de nuit ; le malade gémissait en proie à la fièvre, et la garde, fatiguée, dormait dans une bergère !!! Céline se précipite vers elle, la réveille avec beaucoup de peine et lui dit à voix basse, mais avec énergie : Marie, Marie, il est minuit. La fille épouvantée se lève avec vivacité, verse la potion dans un verre et la fait prendre au malade.

Céline rassurée reprit le chemin de sa chambre, se recoucha et cette fois s'endormit : j'en fis autant.

Le lendemain, le docteur déclara François hors de danger ; et il ajouta que si on avait retardé seulement d'une demi-heure d'administrer la potion, l'enfant aurait pu succomber. A ces mots, la pauvre garde-malade fondit en larmes et elle avoua que, sans mademoiselle Céline, il est probable qu'elle aurait dormi jusqu'au jour. Il fut donc avéré que François devait peut-être la vie à sa sœur.

Vous pensez sans doute que François rétabli, ne songea plus qu'à rendre à sa sœur tout le bien qu'elle lui avait fait. Hélas! je voudrais pouvoir vous dire que vous avez rencontré juste. Pendant quelques jours, il est vrai, il fut moins violent avec elle; mais peu à peu il reprit ses mauvaises manières, et la pauvre Céline reçut encore plus d'une bourrade de ce petit ingrat. Cependant il se corrigea, et voici comment :

Une tante des deux enfants possédait une terre magnifique dans les environs de Lyon. Elle écrivit à madame de Savigny de lui envoyer François et Céline pendant quelque temps. Cette demande fut accordée, et Céline obtint la permission d'emmener sa chère Mignonne.

Le parc du château de la tante était traversé par une rivière ou plutôt un ruisseau peu large, mais assez profond. Les enfants, sous la garde de leur bonne, couraient tout le jour dans ce beau parc, où je les suivais, les amusant par mes gambades. Un jour, François pria sa sœur de lui aller chercher une boîte pour

Il traita sa sœur de petite sotte et sur un mot
qu'elle lui répondit, il voulut la frapper.   p.151.

mettre un fort beau papillon qu'il venait de prendre. Céline, docile comme toujours aux volontés de son frère, se mit à courir vers la maison. Quelques instants après, elle revient essoufflée, hors d'haleine, rapportant l'objet demandé ; mais il se trouva que ce n'était pas justement cette boîte que François désirait. Il traita sa sœur de petite sotte, et sur un mot qu'elle lui répondit, il voulut la frapper. La pauvre enfant se recula ; mais comme ils étaient fort près du ruisseau, son pied glissa sur l'herbe et elle tomba dans l'eau. Le pauvre François au désespoir jeta des cris perçants, et il allait se jeter pour sauver sa sœur, lorsque la bonne, aidée du jardinier, se précipita au secours de Céline qui fut en un instant retirée du péril; mais, comme la pauvre petite était en sueur lorsque l'accident lui était arrivé, il fallut la coucher en arrivant au château, et elle fut extrêmement malade pendant quinze jours.

François, qui s'accusait avec raison d'être la cause des souffrances de sa sœur, jura de se corriger de sa terrible vivacité : il tint parole, et depuis ce temps, ces deux enfants vivent dans une union qui ravit de joie leurs parents et tous ceux qui les connaissent.

Aussitôt que Céline fut rétablie, la tante écrivit à madame de Savigny de venir chercher ses enfants, ne voulant point garder sous sa responsabilité un garçon aussi turbulent que François. Il leur fallut donc quitter ce grand parc et tous les amusements qu'on y trouvait. Je vous avoue que, pour ma part, j'en voulus à mon jeune maître d'être la cause de ce départ qui me fâchait beaucoup. Cependant madame de Savigny alla habiter une belle maison de campagne, j'y eus un vaste jardin pour mes jeux et mes promenades.

L'hiver arriva et fut le signal de notre retour à Paris. Je ne revis pas sans plaisir la jolie chambre de Céline, ma boîte et ma soupière, que mon aimable petite maîtresse avait toujours grand soin de remplir de lait chaud et sucré.

Cette année-là il tomba beaucoup de neige. Les oiseaux ne savaient où trouver leur nourriture. Céline qui avait un cœur compatissant, garnissait tous les matins sa fenêtre de mie de pain, qui, je vous l'assure, ne manquait pas d'amateurs. Quand elle accomplissait cette charitable distribution, je me posais à côté d'elle sur une petite table, et je regardais avec plaisir les habitués becqueter les miettes avec avidité; mais je dois avouer qu'un motif aussi louable que celui de ma maîtresse ne m'animait pas. Au contraire, j'aurais voulu pouvoir en attraper un pour le croquer; car j'ai toujours beaucoup aimé les pierrots. Souvent Céline me disait : Ma petite Mignonne, si jamais je te voyais manger un de ces jolis oiseaux, je sens que je ne te le pardonnerais pas. Il faut que je sois franche, cette recommandation me touchait peu, et je préméditais des assassinats effroyables de pierrots. Il y en avait un surtout qui excitait au plus haut point ma convoitise. Il était gras, dodu, leste et bavard. Je sentais le bout de son aile à une petite distance de mon nez, j'entendais ses petits cris de plaisir quand il prenait son repas. Tout cela m'exaspérait. La présence de Céline seule m'empêchait de faire ma proie de ce chétif oisillon. Enfin un jour que ma maîtresse faisait sa distribution quotidienne, on vint lui dire que la comtesse la demandait au salon. Dans sa précipitation à se rendre aux ordres de sa mère, elle négligea de fermer la fenêtre. L'occasion était belle ! Je me mis en embuscade. Le pierrot était toujours là, tranquille, insouciant, me narguant sans souci de ce qui pourrait lui arriver. Je pris mes mesures, et, avançant vivement ma patte, je... hélas vous devinez.

Ma maîtresse, en rentrant dans sa chambre, vit ma mauvaise action. Elle jeta des cris d'horreur.

Méchante! me dit-elle, manquais-tu de quelque chose ici, pour te livrer à une telle cruauté? Tu mériterais que je te fisse mourir, comme tu as tué ce pauvre oiseau innocent.

Ah ! quand je t'ai donné le nom de Mignonne, je ne croyais pas que je serais un jour obligée de le changer en celui de cruelle, de méchante et de sournoise.

Pendant ce discours de Céline, j'étais retranchée sous une armoire; fort inquiète des suites qu'allait avoir mon intempérance. Je regrettais de m'être laissée aller à une mauvaise pensée; et j'éprouvais une fois encore que la peine du châtiment dépasse de beaucoup le peu de plaisir que peut faire éprouver la faute.

Je restai deux jours cachée, tantôt sous l'armoire, tantôt dans le fond d'un cabinet noir. Je n'osais plus faire usage de mon lit ni réclamer mes repas. François, à qui sa sœur avait raconté l'événement, parlait de faire mon jugement et de me condamner à mort; mais Céline lui dit : Non, mon frère, ne soyons pas aussi méchants qu'une bête sans raison. Ne rougirais-tu pas d'agir comme l'a fait cette chatte?

François était un garçon plein de bon sens. Il comprit combien il est honteux de donner cours à sa colère ; surtout contre un animal qui ne fait que céder à son instinct.

Dans le cours de la troisième journée, je pus sortir de ma cachette ; mais ce ne fut qu'en tremblant que je m'approchai de ma maîtresse. Elle me laissa aller et venir librement dans la maison, me donna comme d'habitude ma nourriture de chaque jour ; mais elle ne me rendit pas son amitié. Bien loin de là, elle chercha à me placer dans une autre maison ; car elle ne pouvait oublier ma méchanceté. Par ma faute, je perdis donc un bon maître et une bonne maîtresse.

CHAPITRE NEUVIÈME

LA CAPRICIEUSE

'AMIE de Céline, à qui je fus donnée, se nommait Emma. C'était une assez aimable enfant, mais capricieuse comme il n'est pas possible de se l'imaginer. Ce qu'elle venait de trouver charmant l'ennuyait une minute après. Lorsqu'elle m'eut en sa possession, elle parut ravie, enchantée ; mais j'entendis sa bonne dire à ce propos : Mademoiselle Emma est toujours la même. Elle fait un accueil charmant à toutes les bêtes qu'on lui donne, et, quelques jours après, elle les néglige et les maltraite. Vous jugez si ce discours de la bonne d'Emma me fit plaisir. Cependant j'aimais à me persuader qu'elle exagérait un peu les choses; et je me promis d'ailleurs d'être si douce et si obéissante, que ma maîtresse ne pourrait trouver l'occasion de me punir.

Tout alla bien pendant quelques jours. Emma ne pouvait être un moment sans moi. A table, elle mettait de côté les morceaux les plus délicats pour me les donner. Elle avait mis sa poupée dans l'obligation de coucher sur le parquet pour me donner son matelas, son oreiller et son couvrepied. Il y avait dans sa chambre un serin jaune comme de l'or, au gosier mélodieux. Elle exigea impérieusement qu'on me le donnât à croquer. Quoique cela fût dans mon intérêt, je ne puis m'empêcher de remarquer que les caprices, chez une enfant, la poussent à la cruauté. Ce que je pense en ce moment, sa bonne le lui dit alors. Elle la menaça de tout dire à sa mère, et pour plus de sûreté, elle ôta l'oiseau avec sa cage et le mit dans l'office. Emma ne parut se préoccuper nullement de son joli oiseau qu'elle avait pourtant beaucoup aimé, à ce que j'entendais dire à tous les gens de la maison.

Cependant, comme ma nouvelle maîtresse me témoignait beaucoup de tendresse, et que je ne supposais pas qu'elle pût changer à mon égard, je l'aimais à la folie et je lui rendais toutes les caresses dont-elle me comblait.

Hélas, mon bonheur eut peu de durée. Peu à peu Emma devint froide pour moi. J'avais beau redoubler de gentillesse, je ne réussissais qu'à l'impatienter. Enfin, elle se mit à me prodiguer des tapes autant et aussi souvent que dans les premiers temps j'avais reçu de caresses. Elle oubliait des journées entières de me donner à manger, et, lorsque je tournais autour d'elle pour solliciter mon déjeûner, elle me repoussait durement en m'accablant des épithètes les plus humiliantes.

Un jour sa mère entra dans sa chambre au moment où, les cheveux en désordre, l'œil en feu et un petit balai de foyer à la main, elle me poursuivait de coin en coin pour me frapper.

A la vue de sa mère, Emma s'arrêta confuse et rougissant de son emportement.

— Comment se peut-il, Emma, dit la maman, que tu te mettes dans un pareil état? La colère est une chose affreuse, même quand elle a pour source un sujet juste et sérieux ; mais lorsqu'elle est excitée par un animal, elle devient absurde et ridicule.

— Maman, dit la petite fille, voyez si je n'ai pas sujet d'être furieuse contre cette bête stupide et malfaisante. J'avais posé sur un fauteuil le joli chapeau tout neuf de ma poupée; cette vilaine, en se couchant dessus, en a fait cette affreuse loque que vous voyez. N'ai-je pas le droit d'être irritée ! J'aimais tant ce joli chapeau que je n'ai que d'hier.

— Ma fille, je me rappelle que dans les premiers jours que tu eus ta chatte, elle te déchira la robe de soirée en crêpe bleu de ta poupée. Ce méfait t'a pourtant trouvée froide et indulgente. C'est qu'à ce moment ta chatte était une nouveauté pour toi, et qu'aujourd'hui tu es fatiguée d'elle. Tu es fort capricieuse, ma chère enfant, et ce défaut, je le crains, te rendra dans l'avenir insupportable aux autres et à toi-même. Jusqu'à ce jour, j'ai attendu que l'âge et la raison vinssent modifier ton caractère ; mais ma faiblesse pour toi ne peut aller jusqu'au point de te laisser tyranniser d'innocents animaux. Dorénavant tu n'auras plus, pour te distraire, que des objet inanimés. Si tu les brises, toi seule en subiras les conséquences.

Emma était attérée; car elle savait bien que sa mère n'avait pas de caprices et qu'elle ne revenait jamais sur une détermination prise. Par suite de son caractère capricieux, elle se prit à m'aimer de toutes ses forces : elle me saisit sur le fauteuil d'où j'écoutais gravement le discours de la dame et m'embrassa en pleurant. Ces larmes ne firent nul effet à sa mère qui savait combien peu duraient, chez sa fille, les sentiments tendres et affectueux.

Le lendemain, la bonne d'Emma me porta chez de nouveaux maîtres. Je n'étais pas fâchée en vérité de quitter cette petite fille, malgré les caresses et les bonbons dont elle m'accablait par caprice avec profusion. J'ai depuis remarqué que les gens capricieux ne se font jamais aimer, quelque généreux qu'ils soient parfois.

Je fus donnée à un jeune garçon, nommé Armand de Bressy. Je fus, dès le premier abord, enchantée de ma destinée. C'était un paresseux qui s'occupait à jouer avec moi toute la journée, et nous autres chats, nous aimons assez les paresseux ; car leur manière de vivre se rapproche beaucoup de nos habitudes. Un maître venait plusieurs heures dans la journée pour instruire le petit Armand ; mais celui-ci ne l'écoutait pas, et aussitôt qu'il était parti, le paresseux se mettait à jouer ou à bâiller,

sans songer le moins du monde aux devoirs qu'on lui avait donnés à faire. Le résultat de cette manière d'être fut qu'Armand était l'ignorant le plus remarquable du faubourg Saint-Germain. Une conversation que j'entendis un jour pourra vous donner une idée du personnage. Trois ou quatre de ses amis étaient venus le voir. Tout à coup, je ne sais comment, la conversation prit un tour sérieux, j'entendis ces mots : Sais-tu, Armand, d'où se tire le bitume ? — Oh ! si je ne savais pas cela, je serais une fameuse bête..... On le tire des arbres, comme la résine..... — Parfait ! Sais-tu aussi bien la raison de la différence du jour et de la nuit?...
— Oh oui... Quand il fait jour, c'est que le soleil se met devant la lune,

et quand il fait nuit, la lune se met devant le soleil. — Très-bien ! mon cher Armand... Tu serais digne de siéger à l'Académie française. Sais-tu qui a fondé l'Académie? — C'est Pharamond, fils de Jules César. — Bravo ! tu n'es embarrassé de rien.

Je ne puis pas dire que je susse bien si Armand répondait juste, mais je jugeai, aux rires étouffés de ses camarades, qu'ils se moquaient de lui; je trouvai cela affreux : s'il est ridicule d'être ignorant, il est horrible d'être si peu charitable, si peu généreux envers un camarade, et j'en conclus que ces petits messieurs savaient sans doute d'où vient le bitume, pourquoi il fait jour et nuit, et qui a fondé l'Académie ; mais qu'ils ne savaient ce que c'est que la charité et l'indulgence, et qu'ils ne l'apprendraient peut-être jamais. Je souhaitais qu'il se trouvât parmi eux quelqu'un d'instruit, qui pût à leur tour les embarrasser.

Cependant j'étais honteuse pour mon jeune maître de son ignorance, et je me disais, que les enfants qui ne veulent rien apprendre sont bien malheureux; car ils servent de jouet à leurs camarades.

Le pauvre Armand, qui avait le malheur d'être aussi suffisant qu'ignorant, se laissa bafouer par ses soi-disant amis, et il répondit encore à quelques questions avec la même assurance et le même aplomb.

La mère d'Armand était une personne instruite et spirituelle. Depuis longtemps elle souffrait de la paresse de son fils; donc elle se décida, à le mettre en pension, et la maison devint bien triste pour moi qui n'avais plus mon camarade de jeux. Enfin madame de Bressy partant pour la campagne, je fus laissée au concierge de la maison, avec ordre de me donner si l'occasion s'en présentait.

Environ deux jours après, comme j'étais sur la porte de la rue, prenant le frais, deux petites filles avec une bonne vinrent à passer. L'une d'elles s'écria : Oh! la jolie bête, que je voudrais l'avoir ! — Mademoiselle, dit la concierge qui entendit cela, cette chatte est à donner; si vous la voulez, elle est à vous. — Je le veux bien; mais il faut que je demande à maman si elle y consent, nous ferons prendre dans la journée cette jolie petite bête.

Il paraît que le consentement fut accordé; car deux heures après, j'entrais dans une nouvelle maison et je recevais les caresses de la petite Alice et de sa sœur Léonie, les deux petites filles que j'avais vues le matin.

Il y avait dans cette famille une troisième sœur; mais on la voyait fort peu. Depuis plusieurs années, une maladie de langueur la retenait dans son lit. Les soins dont ses sœurs l'entouraient étaient vraiment touchants. Ces deux aimables enfants ne semblaient créées que pour soulager les maux de la pauvre Berthe. Au lieu d'aimer à courir loin de la malade, elles ne se plaisaient qu'auprès de son lit et, quoique les souffrances rendissent quelquefois la pauvre enfant un peu exigeante et même injuste, rien ne décourageait ces deux charmantes créatures. Pas de jeux bruyants ; pas de conversation vive et enjouée, de peur de fatiguer la chère malade. On ne l'entretenait que de choses qui la pouvaient distraire sans lui donner des désirs impossibles à réaliser. Pendant ses heures de sommeil, elles restaient muettes et immobiles, travaillant près de son lit, attendant son réveil et heureuses de penser que son premier regard se poserait sur des sœurs attentives et empressées à lui être agréables. Lorsque l'heure de la promenade qu'elles faisaient chaque jour par ordre de leur mère arrivait, elles ne quittaient qu'avec regret la pauvre Berthe, et à leur retour, elles lui faisaient mille histoires pour l'amuser.

Si Alice avait désiré me posséder, c'était autant pour sa sœur que pour elle. En effet, Berthe fut enchantée à ma vue. Elle me caressa beaucoup et me nomma *Mimi*.

J'étais parfaitement heureuse auprès de ces aimables petites filles. Jamais la moindre querelle ne venait rompre la tranquille harmonie qui existait entre elles. Jamais non plus, je ne reçus d'elles le moindre mot brusque, comme quelques enfants s'en permettent quelquefois. Enfin mon bonheur était parfait. Malheureusement il ne dura pas. Le docteur ordonna à sa jeune malade un climat plus doux que celui de Paris. La famille partit donc, et, chose fort triste pour moi, sans m'emmener. La gentille petite Alice, qui en toutes choses m'avait toujours montré une nuance de plus de protection que ses sœurs, se chargea de me trouver une maîtresse. Je dis une *maîtresse*, car Alice aimait mieux me voir avec une petite fille qu'avec un garçon. Elle pensait que les animaux ont plus de douceur à espérer avec les jeunes demoiselles. Cela serait vrai, s'il n'existait pas au monde des Angélines.

CHAPITRE DIXIÈME

LE MENSONGE

Ce fut chez Marthe de Morinval que j'entrai la veille du départ de mes maîtresses. Marthe avait neuf ans et elle était fort douce. Cependant je voyais sa mère la gronder fort souvent. C'est que, hélas!... elle était menteuse..... Menteuse, quelle honte! J'en rougissais pour elle, moi à qui rien ne pouvait être caché, qui voyais toutes ses actions et qui l'entendais à chaque instant les contredire, les cacher. J'en rougissais pour elle ! Je veux vous raconter quelques-uns des événements dont je fus témoin, et qui auraient dû guérir la petite Marthe de sa funeste manie.

Un jour arriva, à l'adresse de Marthe, une toute petite lettre bien carrée, toute rose et parfumée; mais, si l'apparence en était séduisante, le contenu de la lettre ne lui cédait en rien. C'était une invitation de son amie Yolande, pour passer chez elle toute une journée agréable. Il était question d'une dînette charmante, dont les invitées étaient choisies parmi les plus aimables petites filles du monde. Après la dînette, une représentation de marionnettes; puis un thé avant de se séparer. Marthe aimait beaucoup Yolande, les dînettes, les marionnettes et le thé ; elle fut donc ravie à la réception de cette missive, et le plaisir la rendit aussi rose que l'enveloppe de la lettre d'Yolande. Malheureusement, madame de Morinval était forcée de sortir et ne pouvait conduire elle-même sa fille. Tu n'y perdras rien cependant, dit-elle, ma chère Marthe. Ta bonne Rosalie t'y conduira. Tu lui diras de te mettre ta robe de velours bleu.

Madame de Morinval partit, et Marthe se rendit près de Rosalie pour lui demander de l'habiller ; car il était neuf heures, et l'heure fixée par Yolande approchait. Rosalie, dit Marthe, vous allez me mettre ma robe bleue et me conduire chez Yolande de Flavigny... Oh ! que je suis contente ! J'aime tant Yolande, Aline et

Marguerite! Oh! quelle bonne journée je vais passer.

Mademoiselle Marthe, dit Rosalie, qui a donné l'ordre de vous habiller et de vous conduire chez mademoiselle de Flavigny?

— Maman.

— Pas à moi toujours, mademoiselle.

— Non ; mais elle m'a dit de vous le dire, ma bonne Rosalie. Allons vite, vite, coiffez moi.

— C'est inutile, mademoiselle, je ne vous conduirai pas chez mademoiselle Yolande.

— Pourquoi, Rosalie ?

— Parce que madame ne l'a pas ordonné.

— Mais puisque je vous le dis.

— Mademoiselle, si vous disiez

toujours la vérité, on pourrait ajouter foi à vos paroles, mais...

— Rosalie, je vous jure...

— Oh! ne jurez pas mademoiselle Marthe, cela est inutile. La semaine dernière vous m'avez bien juré que madame me demandait au fond du jardin. J'ai quitté mon savonnage pour obéir; puis j'ai vu que c'était pour vous moquer de moi. Je suis bien décidée à ne plus vous croire.

— Mais, Rosalie, dit Marthe les larmes aux yeux, lorsque maman rentrera...

— Madame et Monsieur sont à Saint-Germain, chez votre grand-maman. Ils ne rentreront pas avant minuit.

Oh! mon Dieu! mon Dieu! dit la petite fille, que je suis donc malheureuse ! Rosalie, ma bonne, je vous en supplie, croyez-moi, maman l'a dit. Je m'étonne qu'elle ne vous en ait pas parlé.

— Madame ne m'a parlé de rien. D'ailleurs je n'étais pas là quand elle est sortie, et je ne puis exécuter un ordre d'après votre affirmation; car vous ne dites jamais la vérité.

Et Rosalie retourna à ses affaires, laissant la petite Marthe atterrée et désolée.

Deux heures après, Yolande disait sans doute à ses amies : Oh ! je suis bien étonnée que Marthe ne soit point venue ; je croyais qu'elle m'aimait, mais je vois que je me suis trompée.

Pendant ce temps, Marthe pleurait dans sa chambre.

Le lendemain une explication eut

lieu, madame de Morinval justifia sa fille de l'accusation de mensonge; mais elle ne put blâmer Rosalie de ne pas s'être fiée à Marthe qui mentait si souvent.

Il me semble que si j'avais été à la place de ma petite maîtresse, cette histoire m'aurait corrigée pour jamais du mensonge; mais il paraît que cette funeste habitude était trop enracinée chez elle pour céder si facilement.

La pauvre petite Marthe devait son vilain défaut à un de ses cousins, nommé Maxime, qui ne pouvait ouvrir la bouche sans qu'il en sortît un mensonge. Il ne se croyait pas un grand coupable parce que toutes ses faussetés n'étaient, selon lui, que des plaisanteries. En voici quelques exemples. Un jour il annonça à un ami de son frère, M. Ducrocq, qu'un monsieur de leur connaissance, le baron de Malville, venait de mourir subitement d'un coup de sang. Le fait n'ayant en lui rien d'impossible fut cru ; et deux ou trois jours après, le baron de Malville, à qui Maxime avait fait la même histoire relativement à M. Ducrocq, se rencontrant avec ce dernier sur la place de la Concorde, ces deux messieurs manquèrent de se trouver mal de saisissement.

Un autre jour, il fit accroire à une dame qui venait chez sa mère, qu'il avait vu son portrait au salon de peinture. La dame, qui se faisait peindre en ce moment et qui aurait été fort mécontente de se voir exposée, courut tout de suite chez l'artiste.

Celui-ci était absent et son atelier était fermé : la pauvre dame arriva au salon, cherchant parmi les portraits exposés et s'informant à tous les surveillants du sujet de ses craintes. Tout s'éclaircit ; Maxime n'y gagna que la réputation d'un menteur effronté, aux yeux de la dame abusée. Je n'en finirais pas si je voulais vous énumérer tous les mensonges de Maxime. La pauvre Marthe avait suivi le mauvais exemple de son cousin, et il lui arrivait de temps en temps des punitions qui cependant ne la corrigeaient pas.

Un jour, Maxime dit à sa cousine : Grand-maman vient aujourd'hui de Saint-Germain pour voir ma tante ; il faut nous bien amuser. Nous l'attendrons dans l'antichambre, et nous lui dirons que mon oncle et ma tante sont allés chez elle ; puis quand elle sera près de sortir, nous nous mettrons à la fenêtre et nous lui dirons que c'était une plaisanterie ; elle est si bonne qu'elle ne pourra s'en fâcher.

La pauvre Marthe était tellement habituée à mentir, qu'elle suivit le mauvais conseil de son cousin. Justement la grand-maman vint à midi, au moment où les domestiques étaient à table. Les deux enfants ne lui laissèrent pas le temps de sonner ; ils la guettaient et lui ouvrirent la porte. Marthe, prenant un air très-triste, lui débita le conte convenu. La pauvre bonne maman, dupe de ce mensonge effronté, embrassa ses petits enfants et dit qu'elle allait se hâter de rentrer chez elle,

Aussitôt qu'elle fut descendue, les garnements voulurent ouvrir la croisée, il leur fut tout-à-fait impossible d'y parvenir. p. 185.

afin d'y trouver encore ses enfants.

Aussitôt qu'elle fut descendue, les garnements voulurent ouvrir la croisée; mais l'humidité avait fait gonfler le bois, il leur fut tout à fait impossible d'y parvenir. Ils frappèrent à la vitre ; mais ce fut en vain. Marthe se désespérait. La grand-maman disparut sous la voûte de la porte cochère et sortit de la maison.

Mon Dieu, disait Marthe, que va dire maman ?

— Ne dis pas au moins que c'est moi qui t'ai donné ce conseil, dit Maxime.

— Si, je dirai que c'est toi.

Maxime furieux battit Marthe, qui n'osa pas pleurer de peur d'attirer sa mère qui aurait demandé une explication.

La grand-maman retourna bien vite à Saint-Germain; mais on lui dit que madame de Morinval n'y avait point paru. Il y eut plusieurs lettres d'échangées entre madame de Morinval et sa mère. La vérité fut connue. Alors monsieur de Morinval justement irrité dit à Marthe : Vous avez fait une très-mauvaise action en manquant de respect à votre digne grand'mère. Vous l'avez exposée à se rendre malade de fatigue; votre conduite est horrible. Vous méritez une punition. Elle sera rigoureuse. Vous irez dans un couvent fort éloigné de Paris, et vous serez deux ans sans voir ni votre mère ni moi. Il faut espérer que vos mauvais penchants céderont sous l'empire des bons conseils que vous recevrez des sœurs qui se chargent de vous. Vous partirez dans deux jours.

L'arrêt fut sans appel. Il fallut que Marthe quittât sa jolie chambre, ses amies, ses joujoux, et partît sous la conduite d'une sœur fort sévère qui la vint chercher.

Maxime fut mis au collége ; madame de Morinval chargea Rosalie de me chercher une condition. Je fus placée chez une concierge, qui me rendait très-malheureuse et ne me donnait presque rien à manger. Moi qui suis assez friande de mon naturel, je trouvais ce système fort injuste.

CHAPITRE ONZIÈME

MARIETTE

u fond de la cour de la maison que j'habitais, se trouvait une école de tout petites filles, tenue par une vieille femme, nommée madame Hérissé. Elle venait de perdre un chat qu'elle aimait beaucoup, et elle me demanda pour le remplacer. A ma grande joie je lui fus donnée.

Madame Hérissé était très-sévère, Pour la moindre faute elle punissait les pauvres enfants qui lui étaient confiées. Elle les frappait même quelquefois. Aussi, la détestaient-elles, et comme elles ne pouvaient se venger sur leur maîtresse de ce qu'elle leur faisait souffrir, elles me faisaient mille méchancetés lorsqu'elles étaient sûres de ne point être vues. Cela est bien insensé de se venger ainsi sur un animal. Elles me tiraient la queue ou les oreilles, m'enfermaient dans d'étroits paniers ou bien me jetaient de l'eau sale.

Je n'étais tranquille que lorsque toutes ces mauvaises petites filles étaient parties ; car madame Hérissé ne me laissait manquer de rien et m'aimait beaucoup. Elle m'avait appelée Tronquette, ce n'était pas un bien beau nom ; mais j'en avais déjà tant changé dans ma vie, que je commençais à m'habituer à tout.

Quand je dis que toutes les enfants de l'école de madame Hérissé étaient méchantes, je me trompe. Il y avait parmi elles une petite fille, nommée Mariette, qui avait un cœur excellent. Elle prenait ma défense contre ses camarades, aussi se cachait-on toujours d'elle quand on voulait me taquiner.

La petite Mariette appartenait à des parents fort pauvres. Vous jugez bien qu'elle n'avait pas de bonne pour la venir chercher à l'école ; mais elle était si raisonnable et si posée, que jamais elle n'abusa de la liberté qu'elle avait de sortir toute seule. Un jour Mariette se trouvant dans la rue avec ses camarades, au sortir de l'école, vit une pauvre marchande de noix fort embarrassée d'un malheur qui venait de lui arriver. Quelqu'un, en passant, l'avait heurtée, et un millier de noix environ qu'elle avait dans un panier se répandit sur le pavé.

La pauvre vieille femme courait çà et là après sa marchandise, qui roulait à qui mieux mieux sous les pieds des passants. Tous les enfants témoins de cet accident en riaient ; mais la bonne petite Mariette, mieux avisée, se mit en devoir d'aider la bonne femme à reconquérir ses noix. Comme elle était bien plus agile et qu'elle avait de meilleurs yeux que la marchande, en peu d'instants elle eut achevé sa besogne, et il n'y eut que peu de déchet. Vous jugez comme elle fut remerciée. Les autres enfants se moquèrent d'elle en lui disant : A quoi t'a servi ton obligeance? Tu as reçu un grand *merci* pour ta peine : ne te voilà-t-il pas bien avancée! Mariette répondit qu'elle n'avait eu en vue aucune récompense que le plaisir de rendre service; mais cela ne fit qu'augmenter les quolibets qui pleuvaient sur elle. Cependant le lendemain, ces petites égoïstes changèrent de langage. Une dame fort richement vêtue entra dans la pension au moment où tous les enfants venaient d'entrer en classe.

Madame, dit-elle à madame Hérissé, veuillez me désigner quelle est celle de ces petites filles qui a rendu hier un service à une marchande de noix ?

La maîtresse d'école, à qui on avait raconté l'histoire en se moquant de Mariette, la désigna à la dame.

Venez, mon enfant, dit celle-ci, j'étais hier à ma fenêtre et j'ai été témoin de votre bon cœur envers les malheureux. J'ai été touchée de votre bonne action, je veux vous en récompenser.

En disant ces paroles, la dame mit au doigt de Mariette, qui s'était approchée toute rougissante, une petite bague d'or; puis elle tira de sa poche une jolie bourse en filet de perles remplie de petites pièces de cinq francs, et la lui donna en y joignant un baiser et une boîte de bonbons. Toutes les petites filles étaient ébahies de cette générosité et enviaient le bonheur de Mariette. Plus d'une, j'en suis sûre, regrettait de ne pas avoir suivi son exemple. Il est bien beau, dit la dame, de rendre service à ceux qui ne paraissent pas capables de donner des marques de reconnaissance. Mon enfant, continua-t-elle en s'adressant à Mariette, vous serez heureuse dans l'avenir, parce que vous êtes obligeante et bonne, souvenez-vous de ce que je vous dis en ce moment.

Après le départ de la dame, toutes les petites filles s'approchèrent de Mariette pour la féliciter de son bonheur. Celles qui la veille s'étaient moquées d'elle, ne rougirent pas de la venir flatter. La bonne petite fille leur donna des bonbons. Je vous assure que je n'aurais pas été aussi bonne que Mariette, et que je leur aurais joliment rendu toutes leurs moqueries.

J'avais mille raisons d'en vouloir aux élèves de madame Hérissé. Elles étaient si méchantes envers moi, à l'exception de la petite Mariette, que lorsque je les voyais arriver à l'école avec leurs paniers, je me hâtais de prendre la fuite. Je me sauvais dans la cour ou dans l'escalier.

Au premier étage, demeurait une famille qui me faisait toujours un bon accueil lorsque j'allais lui rendre visite. Il y avait dans cette maison trois enfants : deux petites filles et un petit garçon. L'aînée de ces petites filles, nommée Élise, était une fort douce et fort aimable enfant, sa sœur Cécile n'était pas méchante ; mais elle avait une habitude singulière. Cette enfant, pour se soustraire à la nécessité de faire ses devoirs, se disait horriblement malade, quoiqu'elle se portât à merveille; elle se plaignait de la tête, du cœur, des membres ; puis lorsque sa tendre mère, inquiète et alarmée, l'avait dispensée de ses devoirs, la petite Cécile se trouvait tout à coup soulagée. Son frère Lucien se moquait bien un peu d'elle, mais cela lui importait peu ; pourvu qu'on la laissât se livrer à sa paresse. Il résultait de cet état de choses, que sa sœur Élise, qui n'avait qu'un an de plus qu'elle, lisait et écrivait bien, ne faisait que peu de fautes d'orthographe et touchait agréablement du piano; tandis que Cécile écrivait fort mal, mettait deux *t* à citron, et ne pouvait sortir des gammes. Son père n'était pas dupe de ses feintes maladies, il était souvent indigné de voir la petite grimacière faire des cris affreux et se plaindre d'un mal imaginaire, tant que les professeurs étaient dans la maison. Il résolut de punir Cécile et d'employer pour cela les armes qu'elle lui fournissait elle-même par ses simagrées.

Un jour que Cécile, prise d'un redoublement de paresse, avait déclaré qu'elle souffrait horriblement de la tête, son père feignit d'être fort inquiet. Il fit appeler un médecin qui, prévenu de ce qu'on désirait faire pour corriger Cécile, déclara que son état était plus inquiétant qu'on ne se l'imaginait et qu'il fallait, par les plus grands soins, arrêter les progrès d'une grave maladie qui se déclarait. En conséquence on se hâta de la coucher.

— Cela est d'autant plus fâcheux, dit son père, que j'avais projeté une partie de plaisir fort amusante. Un de mes amis m'a invité à accompagner aujourd'hui même mes enfants dans une jolie maison de campagne qu'il possède à Charenton. Il a invité, pour fêter le jour de naissance d'une de ses filles, quelques personnes et plusieurs enfants. On doit faire une promenade charmante en bateau, puis goûter sur l'herbe dans le bois de Vincennes. Je ne voudrais pas priver Lucien et Élise de cette journée agréable, je vais les emmener ; de cette façon leur sœur sera plus tranquille : quand on souffre, ajouta-t-il, le repos est la chose la plus nécessaire qu'on puisse imaginer.

Le fait était de la plus exacte vérité. L'invitation avait été faite ; seulement le père de Cécile n'en avait rien dit afin d'en venir à ses fins, c'est-à-dire de corriger sa fille. En entendant son père parler d'une aussi agréable partie de plaisir, Cécile prétendit qu'elle se sentait un peu soulagée et demanda à se lever : Gardez-vous bien de faire ce que demande cette enfant, dit le docteur. Ce mieux qu'elle éprouve n'est qu'une trompeuse apparence. La moindre imprudence pourrait lui coûter cher. Après ces paroles, il se retira laissant une ordonnance qui prescrivait une diète sévère, quelques médicaments inoffensifs dans leurs résultats, mais très-désagréables à prendre. La pauvre Cécile, confondue de cette aventure qu'elle n'avait pas prévue, fut quelque temps sans parler après le départ du docteur ; puis elle s'écria : Papa, je ne suis pas malade, je ne souffre pas, je vous assure ; je ne veux pas rester au lit, je ne veux pas faire diète, je ne veux pas prendre de médecine. Je vous répète, papa, que je me porte fort bien.

— Cela est impossible, ma fille, tu as entendu ce que vient de dire le médecin.

— Papa, je vous assure qu'il se trompe. Je ne suis pas malade.

— Eh, pourquoi l'as-tu dit alors ?

— Papa... C'est..... que je me trompais.

— Si tu te trompais tout à l'heure

en affirmant que tu étais malade, tu peux encore te tromper en assurant le contraire.

— Mais.....

— En voilà assez, Cécile, restez couchée; puisque tel est l'ordre du médecin.

Le père de Cécile ajouta à ce peu de mots un regard sévère qui imposa silence à sa fille. Elle resta couchée toute la journée, ne vivant que d'eau de gruau. Le soir elle entendit Lucien et Élise se rappeler les joyeuses péripéties de leur journée, et elle soupira en pensant qu'elle s'était, par sa funeste manie, privée de ce plaisir. Elle se promit bien de renoncer à ce système et de ne plus alarmer à tort sa bonne et tendre mère, comme elle le faisait si souvent autrefois. J'ignore si elle a tenu parole, car à cette époque je quittai la maison de Cécile ; voici comment : J'ai dit que madame Hérissé était très-sévère. Un jour, elle punit trois petite filles qui avaient été dissipées. Ces mauvaises créatures résolurent de se venger sur moi de cette punition qu'elles avaient bien méritée. Elles me prirent un jour qu'elles sortaient de la classe ; et me mettant dans un panier, elles me portèrent bien loin de l'école pour me perdre. L'action que ces enfants commettaient était un vol. J'aime à me persuader qu'elles ne le savaient pas ; mais c'était une bien mauvaise action, qui faillit me coûter la vie.

Comme je me tenais tremblante sous une porte cochère, un garçon vint à passer, et m'apercevant, voulut me prendre. Comme il avait l'air d'un enfant des rues, je me sauvai. Il me poursuivit ; j'entrai dans une cour. Un gros chien se jeta sur moi et me mordit jusqu'au sang. Je perdis la tête et voulus me sauver dans une cuisine qui donnait sur cette cour. Une servante m'envoya un grand coup de balai, je tombai comme morte sur le pavé.

CHAPITRE DOUZIÈME

JULES ET ALPHONSINE

UAND je revins à moi, j'étais sur un coussin bien doux, et une jolie petite fille essuyait avec un linge, le sang qui sortait des plaies que le chien m'avait faites, tandis qu'un petit garçon me préparait du lait dans une petite soucoupe de porcelaine.

La pauvre bête ouvre les yeux : Mon frère, dit la petite fille ; quel bonheur ! elle n'est pas morte.

— Bois, pauvre petite, dit le bon

garçon, en m'approchant la soucoupe de lait chaud et sucré.

Mais vous pouvez bien penser que je n'avais pas envie de boire, car j'étais cruellement blessée.

— Il faut la laisser tranquille, mon cher Jules, dit la petite fille, le repos lui fera du bien.

— Je vais mettre le lait près d'elle alors, dit Jules; quand elle se réveillera, elle sera peut-être bien aise de le trouver. Mais comme c'est heureux que nous ayons pu la sauver de ce méchant garçon, de ce chien, et de notre bonne qui aurait pu la tuer!

— Oui, ma chère Alphonsine, tu m'as appelé, je suis bien vite descendu; mais sans toi je n'aurais pas eu cette idée.

— Oh! oui; mais moi, mon frère, je

n'aurais pas osé descendre comme tu l'as fait. C'est donc toi qui l'as sauvée.

— Non, ma sœur, c'est toi.

— C'est toi, mon frère.

Ces deux charmants enfants voulaient chacun donner à l'autre tout le mérite de la bonne action qu'ils avaient faite à mon égard.

Pour récompenser mes petits bienfaiteurs, je fis un effort pour me lever et je m'approchai de la soucoupe de lait. Ils furent bien joyeux de mon rétablissement, et, grâce à eux, au bout de huit jours, j'étais aussi bien portante qu'auparavant.

Il faut que je vous dise quel était le caractère des deux enfants à qui je devais sans doute la vie, et qui prenaient tant de soin de ma petite personne. L'aînée, Alphonsine, avait un cœur excellent, un bon caractère et beaucoup d'esprit ; malgré cela, elle déplaisait à tout le monde et sa mère ne cessait de la gronder. D'où venait cela ? De ce que c'était la petite personne la moins soigneuse qu'on pût imaginer. Elle ne possédait pas une robe qui ne fût marbrée de taches, ou brodée d'accrocs en tout genre ; ses livres d'étude étaient toujours fourrés parmi ses joujoux ; et ses cahiers n'étaient pas à prendre avec des pincettes. On avait beau la coiffer avec soin plusieurs fois par jour, elle avait toujours l'air, comme on dit vulgairement : *d'une chatte en furie ;* mais, soit dit en passant, je serais bien fâchée d'avoir, même dans mes accès de colère, les poils aussi hérissés que les cheveux de cette petite fille.

Je vous ferais bien rire si je vous racontais tous les actes de négligence d'Alphonsine ; mais il faut être charitable : je n'en citerai que deux.

Un jour elle était allée à Ville-d'Avray avec son frère et sa bonne, voir sa nourrice qu'on appelait la mère Cretté. Elle était coiffée ce jour là d'une petite capotte de soie rose, garnie d'une plume.

La mère Cretté était bien joyeuse quand elle recevait la visite de sa chère *nourrissonne*, comme elle appelait Alphonsine. Ces jours-là, la bonne femme mettait tout en l'air dans sa petite maison. Elle faisait cuire dans son four un gâteau bien garni de

Nous arrivons chez la mère Cretté qui nous reçoit, moi comprise, à merveille. p. 209.

prunes. Elle cueillait ses plus belles fraises, et réunissait toute la crème qu'elle pouvait se procurer chez elle et aux alentours; puis elle allait chercher Bellotte et Grisette, ses deux chèvres, et Longi son ânesse; puis mettait le tout à la disposition de Jules et d'Alphonsine.

Environ huit jours après mon entrée chez mes nouveaux maîtres, l'époque d'une des visites d'Alphonsine à sa nourrice arriva. Comme elle faisait la route dans une voiture qui appartenait à sa mère, elle obtint la permission de me mettre de la partie.

Nous arrivons chez la mère Cretté qui nous reçoit, moi comprise, à merveille; elle invite les deux enfants à faire un tour avec Bellotte, Grisette et Longi, en attendant la cuisson du gâteau. Alphonsine, accepte ; puis, pour être plus leste, elle se débarrasse de son mantelet et de son chapeau qu'elle pose sans façon dans..... une grande jatte de crème !...

Personne, excepté moi, ne s'aperçut de l'accident ; Alphonsine s'amusa sans se douter que, pendant ce temps, son joli et frais chapeau prenait un bain de crème. Quant à moi, je vous avoue que je regrettais peu le chapeau, mais que j'aurais préféré laper cette délicieuse friandise, que de la voir pompée par le chapeau de ma jeune maîtresse.

Les enfants furent appelés pour le goûter. Lorsque les fraises furent servies, on chercha la crème pour les accommoder. Ce fut alors qu'on s'aperçut de la singulière place qu'avait choisie Alphonsine pour y poser son chapeau. Peu à peu la crème avait été bue par le chapeau, qui était devenu la chose la plus originale qu'on puisse voir. La plume était toute blanche et s'était transformée en saule pleureur, seulement ses larmes étaient de lait. Grand Dieu ! que dira maman ? s'écria Aphonsine.

— Vous jugez bien que le reste de la journée fut gâté par cet accident, et que l'imprudente Alphonsine fut réduite à s'en aller tête nue.

De plus, deux jours après, elle fut conviée à une dînette, et ne put y aller parce que sa mère ne voulut pas lui acheter un chapeau neuf.

Voici le second trait, moins risible comme vous allez le voir, et qui aurait pu même avoir des suites terribles.

Elle avait l'habitude de laisser traîner partout son dé, ses ciseaux, son étui, etc. Un jour voulant peloter de la laine, et trouvant qu'il faut trop de soin pour le faire à la manière ordinaire, c'est-à-dire sur les doigts, elle ramassa au hazard un papier chiffonné, sans se souvenir qu'elle y avait enveloppé la veille ses ciseaux et sa broderie. Elle chercha longtemps ces objets; mais, ne les trouvant nulle part, elle prit son parti sur cette perte, ce qui lui arrivait souvent; mais ce ne fut pas tout : son frère s'amusant quelques jours après avec la pelotte de laine, la pressa dans ses mains; les ciseaux à pointes aiguës perçant alors le papier et la laine, entrèrent assez avant dans la main de Jules, qui poussa des cris horribles, comme vous pouvez croire.

Le médecin appelé décida que l'enfant souffrirait longtemps de cette blessure, qui aurait pu devenir la cause de la perte de sa main ; heureusement il n'en fut rien.

A présent que je vous ai fait le portrait fidèle d'Alphonsine, passons à celui de son frère.

Jules était fort instruit, parce qu'il était laborieux. Il aimait sa sœur et était fort complaisant pour elle ; mais s'il était plus soigneux qu'Alphonsine, il n'était point parfait pour cela. Il était orgueilleux et pédant ; citant à tout propos des auteurs grecs et latins, et écrasant tout le monde de sa supériorité. Il dédaignait les causeries des enfants, pour se mêler à la conversation des grandes personnes, ce qui lui occasionnait souvent des affronts. Il était bafoué des grandes personnes et de ses camarades. Comme il avait toujours le nom de Sénèque à la bouche, on l'avait surnommé *monsieur Sénèque ;* cela ne le corrigeait pas ; car j'entendis plusieurs fois son papa lui dire au salon, devant le monde : tais-toi, mon ami, cela est au-dessus de ta portée. L'orgueilleux était fort humilié de ces apostrophes ; mais il ne perdait pas pour cela l'habitude de faire le petit philosophe à tout propos.

Puisque j'ai raconté deux traits de ma maîtresse, je ne dois pas non plus passer sous silence quelques-uns des événements qui arrivèrent à Jules pendant mon séjour dans sa famille.

Un jour, se trouvant avec quelques

camarades et son précepteur dans un bureau d'attente d'omnibus, il se mit à parler d'une façon si savante que plusieurs personnes se retournèrent. Encouragé par ce qu'il croyait être de l'admiration, le petit orgueilleux éleva la voix, et se mit de plus belle à larder sa conversation de citations et de noms d'auteurs. Voici un petit garçon qui est sans doute commis chez un libraire, dit un ouvrier qui se trouvait là. Vous jugez si notre vaniteux fut satisfait de voir l'effet que produisait sa science.

Il avait du malheur dans les lieux publics. Quelques jours après, se trouvant en chemin de fer avec sa bonne, il lia conversation avec un monsieur placé près de lui, ce qui est bien la chose la plus inconvenante que puisse faire un enfant; mais le petit suffisant se croyait tout permis. Il ne manqua pas de faire un brillant étalage de ses connaissances. Le monsieur parut l'écouter avec attention, et Jules arriva à Paris tout fier d'avoir disserté si savamment. Mais le soir, en descendant à la salle à manger pour le dîner, quel ne fut pas son étonnement de voir assis à table à côté de sa mère, le monsieur du chemin de fer. C'était un ami de son père qui arrivait de Rouen. Sa surprise se changea en confusion lorsqu'au dessert il entendit ce monsieur dire à son ami : Ma foi, mon cher, ton petit bonhomme est tout à fait drôle. Il jase comme un perroquet. Il a extrêmement amusé toutes les personnes qui étaient avec nous dans la voiture.

Jamais on ne vit un garçon plus mortifié que Jules. Ce mot de *petit bonhomme* le fit devenir de la couleur d'un coquelicot. De plus il ne se sentait nullement flatté de l'idée d'avoir amusé toute une société de voyageurs. Quant à l'épithète de *perroquet*, il va sans dire qu'il ne lui était pas agréable de s'en voir gratifié, lui qui se croyait un aigle. Il n'y a pas d'expression pour rendre son air piteux. C'est pour le coup qu'on aurait pu dire qu'il était *drôle* à voir. Cette leçon qu'il reçut était peut-être un peu forte ; cependant, comme toutes les médecines amères, elle amena d'heureux résultats, car mon jeune maître se corrigea de son pédantisme, et, comme à part ce petit ridicule, c'était un charmant enfant, il devint tout à fait accompli et personne n'eut plus le droit de le traiter de *petit bonhomme* et de *perroquet*.

Je voudrais pouvoir en dire autant de sa sœur ; mais, hélas ! son malheureux défaut était de ceux qui ne se guérissent point, quand on a eu l'imprudence de les laisser invétérer ! Elle resta telle qu'elle était, au grand désespoir de sa mère, qui ne pouvait que lui prédire pour l'avenir les plus vifs chagrins, causés par son manque d'ordre et de soin.

CHAPITRE TREIZIÈME

LE PLUS HORRIBLE DES DÉFAUTS

EPENDANT les parents de mes jeunes maîtres partirent pour aller habiter une terre en Bourgogne, avec leurs enfants et leurs gens. Je fus bien triste lorsque je vis qu'il n'était pas question de m'emmener. Comme il ne restait personne à l'hôtel, on ne pouvait m'y laisser sans me condamner à mort. On me chercha donc une condition. Moi qui aime les enfants, jugez si je fus consternée, lorsque j'appris que j'allais entrer chez une dame âgée et demeurant entièrement seule. Je compris que j'allais vivre bien tristement dans cette maison ; mais je n'étais pas l'arbitre de ma destinée, il fallut me résigner à me laisser emporter chez madame de Linval, rue de Varennes, où je fus installée le jour du départ de mes maîtres.

Madame de Linval n'avait, il est vrai, ni enfants, ni petits enfants, et pourtant sa maison en était pleine. D'où venait cela ? C'est que madame de Linval avait conçu le projet de chercher un enfant sans aucun défaut. Comme elle était sans famille et par conséquent sans héritiers, elle désirait laisser par testament ses immenses richesses à un enfant tel qu'elle espérait en rencontrer un, c'est-à-dire parfait. Si j'avais pu parler, je lui aurais désigné Georges, Fanny, Sophie, Annette; mais ne pouvant exprimer mes pensées, j'étais obligée de voir journellement défiler devant moi une armée de gourmands, de bavardes, de menteurs, de paresseuses, de vantards, de criardes, etc., etc.

Quelquefois madame de Linval croyait avoir découvert son héritier; mais crac... un petit mouvement de vanité, de curiosité ou de colère venait lui faire voir qu'elle s'était trompée. Parmi les enfants qui venaient le plus souvent chez ma maîtresse, j'avais remarqué un petit garçon de douze ans, toujours mis avec une recherche incroyable, et dont les manières, le ton, le langage, ne laissaient rien à désirer. Il s'appelait

Léonce de Plancy. Au lieu de jouer et de courir avec les autres enfants que madame de Linval invitait, il restait dans le salon à tenir fidèle compagnie à la vieille dame, lui offrant de lui faire la lecture, ou de dévider des laines pour sa tapisserie. Quand on servait le goûter et que la troupe joyeuse entourait la table avec transport, il prenait modestement la dernière place et ne se mêlait en rien aux bruyantes conversations des convives.

Cependant une chose me paraissait incompréhensible : chaque fois que madame de Linval s'éloignait, Léonce changeait de contenance et de langage. Il se disputait avec les garçons, battait les petites filles et se bourrait de gâteaux et de fruits. Puis je l'entendais dire que ma maîtresse était une vieille femme exigeante et ridicule. Toutes ces façons d'agir me semblaient inexplicables. Cependant, en y réfléchissant un peu, je parvins à trouver le fin mot de l'affaire. Le doux, le modeste Léonce était... un hypocrite.

Un hypocrite! Je n'avais jamais vu dans tout le cours de ma vie, un enfant affligé d'un vice aussi hideux. Je dis un vice, car c'en est un que de chercher à capter la bienveillance et la confiance de quelqu'un en se contrefaisant, de cacher un caractère défectueux sous le masque d'une perfection mensongère. Il volait l'estime et l'amitié comme un autre vole de l'argent!

Lorsque j'eus fait cette désolante

découverte, je fus très-peinée. Je plaignis ma maîtresse d'être ainsi trompée. Oh! si jamais je regrettai de ne pouvoir exprimer ma pensée par des paroles, ce fut bien dans cette circonstance! J'aurais voulu pouvoir dire à madame de Linval : « C'est l'intérêt qui fait de ce petit garçon un modèle de sagesse. Il vous trompe chaque jour par ses apparences de douceur et de modestie ; » mais comme cela ne se pouvait pas, il me fallut attendre que le petit fourbe se trahît lui-même, ce qui ne tarda pas à arriver. Voici dans quelle circonstance.

Un jour ma maîtresse était dans son jardin, assise sur un banc dans un épais fourré. Je dormais sur ses genoux. Deux voix se firent entendre dans une allée qui touchait l'endroit touffu où nous étions : l'une était celle de Léonce et l'autre celle d'un de ses camarades. — Je ne puis m'imaginer, disait ce dernier, pourquoi madame de Linval te porte une amitié si vive, car enfin elle désire rencontrer un enfant parfait, et conviens avec moi que tu es loin d'être la perfection même. Tu es très-violent et je puis te dire, puisque nous sommes seuls, que plusieurs fois je t'ai pris en mensonge. D'où vient donc la prédilection de madame de Linval pour toi?

— Mon cher Édouard, répondit Léonce, je puis bien t'avouer mon ingénieux stratagème. Comme je sais madame de Linval excessivement généreuse, je me suis appliqué, non pas à me corriger, ce qui aurait été long et difficile, mais à cacher les défauts qui auraient pu me nuire dans son esprit. Mes peines n'ont pas été perdues. Tous les jours elle m'accable de présents. Si je désire un livre précieux, je n'ai qu'un mot à dire devant elle pour qu'elle s'occupe à l'instant de me le procurer. Tu comprends bien que lorsque je suis loin de sa vue, je me dédommage de la contrainte que je suis obligé de m'imposer chaque fois que je viens ici. Je te dis toutes ces choses, parce que je sais que tu es un garçon discret et incapable de révéler une confidence comme celle que je te fais.

À ce moment, je regardais ma maîtresse. Elle était fort pâle et une larme brillait dans ses yeux.

— Mon pauvre Léonce, répondit

Léonce dit Edouard, je te défends de te dire mon ami, je ne veux avoir aucun rapport avec un hypocrite.   p. 227.

Édouard, je suis loin de t'envier les avantages dont tu jouis ici. J'ai de grands défauts, je le sais : je me laisse quelquefois aller à la colère et je donne trop souvent audience à la paresse, mais j'aime mieux mes défauts quoiqu'ils me nuisent beaucoup, que le manteau d'hypocrisie dont tu recouvres les tiens. Il est affreux d'agir comme tu le fais pour tromper une aussi bonne personne que madame de Linval.

— Elle bonne! Ah! mon cher Édouard, tu es indulgent. C'est une femme d'un esprit borné, qui s'imagine rencontrer un enfant sans défauts comme si cela était possible. Pauvre dame, je la plains, mais je ne puis accorder que sa bêtise soit de la bonté.

— Léonce, dit Édouard, à compter d'aujourd'hui, je te défends de te dire mon ami, ni même de me parler. Je ne veux plus avoir aucun rapport avec un hypocrite.

— Ah! ah! ah! dit Léonce en riant, tu es encore un drôle de corps. Je croyais te faire rire...

Les deux enfants s'étaient éloignés, je ne pus en entendre davantage, mais je vis que ma maîtresse était fort affectée de ce qu'elle venait d'entendre. Je pensais que monsieur l'hypocrite ne tarderait pas à recevoir son congé. Je n'eus malheureusement pas la satisfaction d'être témoin de la confusion de Léonce, vous allez voir pourquoi.

Le reste de cette journée, madame de Linval s'enferma chez elle et ne permit à personne, pas même à moi, de la venir déranger. Pendant que je faisais mes réflexions sur ce que j'avais entendu dans la journée, j'aperçus dans la cour de la maison deux énormes paniers que je n'avais pas l'habitude de voir à cette place. Ma curiosité, qui m'avait déjà joué de si vilains tours, me reprit comme de plus belle, et j'entrai lestement dans un de ces paniers pour voir ce qu'il contenait; je fus fort désappointée : ce n'était que du linge sale. Il me prit fantaisie de me coucher dessus et le malheur voulut que je m'endormisse profondément.

Je ne sais combien de temps je dormis, mais je fus réveillée par une secousse effroyable. Épouvantée, je voulus sortir du panier, il était fermé. Je me mis à pousser des cris affreux, mais comme il paraît que j'étais dans une charrette qui roulait avec bruit sur le pavé, on ne m'entendit pas. Je me désespérais, car je commençais à deviner la vérité, j'étais dans un des paniers de la blanchisseuse de madame de Linval, et c'était vers Saint-Cloud qu'on me menait avec ce grand fracas.

Quelles tristes réflexions ne faisais-je pas ? et combien je maudis ma cruelle curiosité qui me faisait encore perdre une maîtresse que j'aimais et dont j'étais aimée ! De plus je regrettais de ne pas savoir la fin de l'histoire de Léonce et d'être privée du plaisir de voir chasser honteusement cet effronté menteur et hypocrite. Qu'allait-on faire de moi ? J'allais sans doute me trouver avec des gens brusques et insensibles qui me rendraient fort malheureuse. Oh ! curiosité, curiosité maudite, me disais-je, tu es ma plus cruelle ennemie.

Enfin la charrette s'arrêta et le panier qui me contenait fut jeté avec une grande force sur le pavé. Cela me meurtrit tous les membres, et me fit pousser des cris aigus. Cependant le linge qui garnissait ma prison me garantit un peu.

Je ne fus nullement rassurée, lorsque je sentis qu'on levait le couvercle du panier. C'était une vieille femme d'une figure assez bonne. Vous jugez qu'elle fut fort surprise de ma présence. Craignant de recevoir quelque coup, je me hâtai de sauter dehors et je m'enfuis sous un hangar, afin de me mieux cacher.

Je fus deux jours sans oser me montrer, mourant de faim et d'inquiétude. Enfin je me hasardai à sortir de ma retraite.

Je m'attendais à des injures et à des coups. Jugez de ma surprise ! ce fut un : *Minet, Minet,* prononcé par une voix fort douce qui m'accueillit. Je levai les yeux et j'aperçus une jolie petite fille, très-simplement vêtue, mais fort gracieuse, dont l'aspect me donna tout de suite une grande confiance. « Viens, ma petite, me dit-elle, tu dois avoir bien faim, pauvre bête ! » En disant ces mots elle courut vers la cuisine, et m'apporta une assiette pleine de petits morceaux de viande qu'elle me présenta. Je fis honneur à ce repas que la petite blanchisseuse augmenta d'une tasse de lait.

Je dis la *petite blanchisseuse*, car je pense que vous avez déjà deviné que c'était elle qui m'avait si bien accueillie. Elle s'appelait Louisette, et son caractère était aussi doux que son nom. Quoiqu'elle n'eût que dix ans, elle était déjà une bonne ménagère et elle soignait la maison, en l'absence de sa mère, aussi bien qu'une personne plus âgée l'aurait pu faire.

En ce moment Louisette était seule à la maison, sa mère et les ouvrières étant occupées au dehors. La petite fille faisait la cuisine, nettoyait la maison, mettait le couvert, tout cela avec une promptitude et une adresse vraiment remarquables. Elle ne précipitait rien, ne heurtait rien. Tout se faisait sans bruit ni embarras. C'était vraiment une charmante enfant!

Sa mère était aussi la meilleure femme du monde et me traitait avec humanité. Je me trouvais assez heureuse dans cette maison et je m'arrangeais déjà pour y passer ma vie, lorsqu'un accident affreux vint rompre tous mes plans. La mère de Louisette était veuve et se donnait beaucoup de peine pour gagner sa vie. Un jour elle s'échauffa tellement à son travail qu'elle tomba gravement malade et mourut. Il fut décidé que la pauvre Louisette irait demeurer chez une de ses tantes qui habitait la province.

CHAPITRE QUATORZIÈME

LA JEUNE BIENFAITRICE

LOUISETTE n'était pas de ces enfants oublieux qui ne s'inquiètent nullement du sort des animaux qu'ils laissent derrière eux. Quoique sa douleur fût grande, elle ne négligea pas de me chercher une place, sentant bien que sans cette précaution j'aurais été fort malheureuse, puisque la maison était vendue à des gens qui ne comptaient pas l'habiter immédiatement.

Quoique naturellement j'aimasse

assez le changement, je ne pus me défendre d'un serrement de cœur affreux, lorsque Louisette, toute vêtue de noir, me mit dans un panier pour me porter chez un nouveau maître. Aussi, tout le long de la route je fis entendre une foule de gémissements. Mes réflexions pendant le trajet étaient fort tristes. Savais-je où l'on me portait et avec quels maîtres j'allais vivre ? Peut-être serais-je brutalement traitée ? — Me nourrirait-on ? — Y aurait-il des enfants, et quel serait leur caractère ?

Pendant que je m'adressais toutes ces questions, Louisette marchait toujours. Comme je suis un peu curieuse, beaucoup même, je dois l'avouer, je soulevai doucement du bout de mon museau le couvercle du panier. Je vis avec effroi une immense nappe d'eau. J'ai horreur de l'eau. Cette vue me fit retirer promptement la tête au fond du panier. Nous étions donc sur le pont qui conduit de Saint-Cloud à Boulogne.

Tout à coup je sentis que Louisette s'arrêtait et j'entendis une voix inconnue qui prononçait ces paroles : — Où vas-tu, petite Louisette?

— Je vais, dit ma maîtresse, porter ma pauvre petite chatte chez de braves gens qui veulent bien s'en charger.

— Est-elle jolie ta chatte?

Oh! oui, et fort intelligente. Je regrette bien de ne pouvoir l'emporter chez ma tante, mais elle a déjà beaucoup de chats et ne veut pas se charger de ma pauvre petite bête.

— Montre-la-moi.

Louisette souleva le couvercle du panier, et je pus voir une jolie petite fille qui me regarda quelques instants, puis s'écria :

— Eh bien, Louisette, si tu veux me la donner, je pense qu'elle sera au moins aussi heureuse avec moi qu'avec les personnes à qui tu la destinais.

— Oh! je n'en doute pas, mademoiselle Stéphanie, mais il faudrait savoir si madame la comtesse consentira à la recevoir.

— Eh bien, Louisette, viens avec nous. Justement notre promenade est finie. Voulez-vous que nous rentrions, Joséphine ? dit-elle à une bonne qui l'accompagnait.

Quelques instants après j'entrais dans une avenue magnifique, conduisant à une riche maison de campagne.

Le consentement de la maman de Stéphanie, qui se nommait la comtesse de Ligneuil, fut aisément obtenu. Alors Louisette et son panier furent introduits dans la chambre de Stéphanie, et j'eus lieu d'être satisfaite de ma nouvelle demeure.

Un moelleux tapis couvrait le parquet, des coussins bien rebondis pouvaient flatter les regards d'une chatte aussi délicate que moi. Aussi je ne me fis pas prier pour sortir du panier où j'avais été prisonnière depuis ma sortie de la maison de Louisette. Assieds-toi, Louisette, dit

Stéphanie et dis-moi pourquoi tu quittes Saint-Cloud.

— Hélas ! mademoiselle, ma pauvre mère, en mourant, m'a laissée seule au monde, puisque je n'ai plus de père depuis longtemps. Je suis donc forcée d'aller demeurer chez ma tante Laurent.

— Crois-tu que tu y seras heureuse ?

Louisette ne répondit que par un torrent de larmes.

— Parle-moi franchement, Louisette, est-ce seulement le souvenir de ta mère qui fait couler tes larmes, ou bien crains-tu d'être maltraitée chez ta tante ?

— Mademoiselle, dit Louisette, je sais que je serai très-malheureuse dans la maison où je suis forcée d'aller. Ma tante Laurent est une personne d'un caractère très-difficile. Je la connais assez pour en être persuadée, car j'ai passé trois mois avec elle lors de la mort de mon père. Elle déteste les enfants et elle est fort avare. Lorsque je quittai sa maison, je conservai longtemps sur le corps la trace des coups qu'elle m'avait donnés. Je sais de plus qu'aussitôt mon arrivée, elle doit congédier sa servante, afin de m'en faire remplir les fonctions.

— Pourquoi y vas-tu alors, ma pauvre Louisette?

— Mademoiselle, parce que je ne puis faire autrement. Ma mère avait quelques dettes qu'il a fallu payer. La maison que nous habitions a été vendue à cet effet. Si j'avais été plus grande, j'aurais pu reprendre l'état de ma mère. Mais que peut faire une pauvre petite fille de dix ans, sinon se résigner à ce qu'on décide sur son sort?

Et ses larmes recommencèrent à couler.

Stéphanie émue prit les mains de Louisette.

— Ne pleure pas, pauvre petite, dit-elle. Peut-être n'iras-tu pas chez ta tante Laurent. Écoute, je ne voudrais pas te donner une fausse espérance, mais tu sais comme ma mère est charitable...... J'ai mon projet. Viens avec moi la trouver.

La charmante Stéphanie prenant Louisette par la main, l'entraîna hors de sa chambre.

Interessée par ce que je venais d'entendre, je les suivis.

Madame de Ligneuil écouta avec un vif intérêt le chaleureux plaidoyer de sa fille en faveur de l'orpheline. Stéphanie termina en disant les larmes aux yeux : — Vous voyez, maman, que la pauvre Louisette aura beaucoup à souffrir chez sa tante. De plus, elle n'apprendra aucun état et sera obligée de rester servante toute sa vie. Je vous en supplie, maman, venez à son secours. Sa mère a travaillé pour vous pendant longtemps. Vous savez que c'était une honnête femme, bien laborieuse ; je vous en conjure, n'abandonnez pas Louisette, et empêchez qu'elle aille chez une tante qui la maltraitera.

— Mais, mon enfant, dit la comtesse, que puis-je faire ?

— Maman, voici ce que j'avais pensé : vous pourriez mettre Louisette en pension pendant deux ans. Elle y apprendrait à lire, à écrire, à compter ; car sa mère était trop pauvre, à ce que j'imagine, pour avoir pu lui faire donner la plus petite instruction. En sortant de cette pension, on la mettrait en apprentissage et son avenir serait assuré, car je crois qu'elle sera aussi laborieuse que sa mère.

— Ton projet est fort joli, ma chère Stéphanie, mais tu n'as pas réfléchi que pour mettre Louisette en pension, il faudrait lui donner un petit trousseau, et je ne puis faire cette année une dépense aussi considérable.

— Maman... Est-ce que c'est bien cher un trousseau ?

— A peu près douze cents francs.

— Mon Dieu, dit Stéphanie, comment faire pour trouver cette somme ?

— Si je ne m'étais pas engagée à te faire faire ce petit voyage en Suisse que tu désires tant....

— Eh bien, maman, je vous en prie, consacrez au trousseau de Louisette l'argent de notre excursion en Suisse.

— Tu as cependant une grande envie de ce voyage. Tu dois rejoindre à Genève ton amie Marianne et ses parents avec qui nous devons visiter la Suisse.

— Maman, je lui écrirai. Elle ne sera pas fâchée contre moi, lorsque je lui aurai expliqué les raisons de mon manque de parole.

— Mais toi, ne seras-tu pas bien triste de rester ici au lieu de voyager?

— Ma chère maman, je vous assure que je n'éprouverais que peu de plaisir dans mon voyage, en pensant que la pauvre Louisette serait maltraitée pendant que je m'amuserais comme une égoïste. Ah! mère chérie, je vous en prie, n'allons pas en Suisse!!!

A ce moment, Louisette qui pleurait doucement depuis quelques instants, s'écria :

— Mademoiselle Stéphanie, vous êtes vraiment trop bonne; ne vous privez pas pour moi d'un plaisir ; je vous assure que je finirai par m'habituer au caractère de ma tante. A force d'efforts et de résignation, je l'adoucirai. Je vous en prie, ne vous préoccupez pas de moi. Je subirai mon sort. Je partirai demain et je conserverai toute ma vie le souvenir de vos généreuses intentions.

— Louisette, dit madame de Ligneuil, je cesse de m'opposer aux projets de ma fille en ta faveur. Ce que tu viens de dire m'a décidée à faire pour toi tout ce qu'il me sera possible. Cependant n'aie aucun regret. Stéphanie ne sera pas privée du plaisir qu'elle désire depuis longtemps. Il sera même doublé par la satisfaction que laisse après elle une bonne et généreuse action. Tu entreras en pension. Je vais écrire à ta tante que je me charge de toi, et à notre retour de Suisse tu viendras ici passer tes jours de congé.

Louisette était éperdue de joie

et de reconnaissance ; elle prit une des mains de la noble dame et la couvrit de baisers et de larmes.

Madame de Ligneuil écrivit le même jour à la tante Laurent. La réponse ne se fit pas attendre. La tante de Louisette disait dans sa lettre que la pitié seule et le devoir l'engageant à prendre sa nièce, elle en faisait de grand cœur l'abandon total à qui voudrait s'en charger.

Alors tout marcha à merveille : une pièce de toile fut achetée, et toutes les femmes de la maison s'occupèrent de la confection du trousseau. Stéphanie elle-même se mit à l'œuvre, une couturière habile fut appelée, et huit jours après Louisette était pourvue de quatre robes de mérinos noir, de tabliers de classe ; etc., etc.

Le jour du départ de Stéphanie, Louisette entra en pension.

Il me semble que j'entends mes jeunes lecteurs m'adresser cette question : Mais toi, petite chatte, que devins-tu ?

Croyez-vous donc que la bonne Stéphanie m'aurait oubliée. Non, non, cette charmante enfant avait un trop bon cœur pour abandonner un animal.

Lorsque sur le pont de Saint-Cloud Stéphanie m'avait demandée à Louisette, elle savait bien que son voyage de Suisse était décidé. Cependant elle n'hésita pas à se charger de moi, parce qu'elle pensa qu'en son absence la maison ne resterait pas complétement seule. En effet, une femme de chambre et un valet de pied accompagnèrent ces dames, tandis que le reste des gens resta à Saint-Cloud, et je constatai avec plaisir que le cuisinier fut du nombre de ces derniers.

Je ne vous dirai pas que je vis partir avec indifférence ma nouvelle maîtresse, la charmante Stéphanie, ni la petite Louisette que j'aimais beaucoup ; mais je me sentais fière de rester maîtresse de toute cette grande maison. Ma vanité fut satisfaite, lorsque j'entendis Stéphanie commander qu'on eût le plus grand soin de ma petite personne, qu'on veillât sur mes repas, sur mes promenades, etc.

Maintenant que l'âge et l'expérience ont corrigé mes travers, je puis bien vous avouer que j'eus alors la folle prétention de croire que tous ces gens n'avaient été laissés à Saint-Cloud que pour avoir soin de moi, pour me servir. Vous riez de mon sot orgueil, mes enfants, vous avez bien raison ; j'en ris moi-même aujourd'hui ; mais à ce moment, je faisais le gros dos, je relevais la tête, je clignais les yeux d'un air digne, enfin j'étais la plus ridicule chatte que l'on pût voir.

Le jour même du départ de ma maîtresse, on m'appela dans l'office où un succulent repas était servi à mon intention, sous une table ; mais je refusai de m'y rendre, trouvant au-dessous de moi de dîner avec mes gens !!! Je prétendais manger dans ma chambre, c'est-à-dire dans celle de Stéphanie. Pendant les premiers jours, on eut la bonhommie de prendre ma boutade orgueilleuse pour l'expression de mon regret du départ de ma jeune maîtresse ; on fit honneur à mon cœur d'une sotte vanité ; mais peu à peu les opinions changèrent à mon égard, on m'oublia tout à fait et je me vis obligée d'aller, dans les cuisines, me repaître du rebut de tout le monde. Je mangeais en maugréant ; mais personne ne semblait faire attention à mes récriminations. Aussi je fis comme certains enfants boudeurs de ma connaissance, je cessai de me plaindre lorsque je vis que nul ne s'avisait d'y trouver à redire. Mon amour-propre froissé me rendit très-méchante. Si quelqu'un s'approchait pour me flatter, je faisais entendre des grincements de fureur, et ma griffe rendait avec vivacité toutes les caresses qu'on voulait me faire. J'avais oublié l'art de faire *patte de velours* où j'excellais autrefois. Vous jugez sans peine que toute la maison me prit en horreur, et si ce n'eût été à cause de ma jeune maîtresse, je crois que la Seine n'aurait pas tardé à recevoir, avec une pierre au cou, mon chétif individu. Oh ! que l'orgueil est une terrible chose ! Quel vilain défaut que celui qui a pour résultat de faire détester l'être le plus aimable. Malgré le soin que j'ai toujours pris de ma personne, j'étais devenue horrible et rebutante à voir. Chaque fois que je passais en vue des cuisines, je recevais un pot d'eau de vaisselle, eau grasse et infecte. Et souvent, hélas faut-il le dire? je n'avais pour repas que la ressource de lécher mon poil imprégné de l'eau qui avait servi à laver la vaisselle des domestiques !!!

Je roulais dans ma tête toute espèce de projets de vengeance contre mes ennemis. Si ma force et ma puissance avaient été en rapport avec ma colère, je crois que j'aurais mis le feu à la maison et massacré tous les domestiques. Mais ma fureur était comme celle de tous les enfants mutins et emportés, plus risible que redoutable, et moi seule souffrais de ma rage impuissante.

CHAPITRE QUINZIÈME

LA VENGEANCE D'UNE CHATTE.

EPENDANT, à force de chercher les moyens de rendre à mes ennemis le mal que je croyais qu'ils m'avaient fait et qui n'était que la suite de mes propres errements, je crus avoir trouvé une magnifique vengeance.

Stéphanie, pensais-je, a vivement recommandé avant son départ qu'on prît de moi tout le soin possible. Ses premières paroles à son retour seront sans doute pour s'assurer que ses ordres ont été exécutés. Si alors on ne me peut trouver, les gens seront bien honteux. Ils seront sans doute tous chassés. Oh! quel bonheur, lorsque, retranchée dans quelque grenier, je les verrai partir tout penauds. Je rirai de leur peine, et lorsque que je saurai la maison nette, que d'autres serviteurs auront remplacé ceux qui m'ont si cruellement outragée, je reparaîtrai et je calmerai les cruelles inquiétudes de ma maîtresse. Bon, c'est cela. Voilà ma vengeance tout organisée. Oh! quelle magnifique idée j'ai eue là!!!.

Un jour, en passant sous la fenêtre de l'office, j'entendis le cocher dire : Madame et mademoiselle reviennent dans quinze jours. Cette nouvelle me réjouit pour deux raisons : d'abord j'étais fort contente de revoir la gentille Stéphanie, puis je voyais arriver avec plaisir l'heure de ma vengeance; je me retirai, faisant aux gens qui étaient en ce moment dans l'office, la plus horrible grimace que je pus imaginer.

C'était, avouez-le, une action bien méchante de ma part; car enfin j'allais causer de l'inquiétude à la charmante Stéphanie, qui était si bonne et si charitable, qui m'avait si gracieusement donné l'hospitalité, à qui je devais peut-être la vie!!! Oh! chaque fois que ce souvenir me vient, je ne puis m'empêcher de frémir et je pousse contre moi-même un *miaou* d'indignation. Du reste il est une remarque que j'ai toujours faite : c'est que les personnes qui veulent se venger, à tort ou à raison, sont presque toujours les victimes de leur mauvais vouloir. N'étais-je pas bien folle, mes enfants, moi chétif membre de l'espèce féline, d'espérer mettre à bonne fin la vengeance que j'avais combinée et que je savourais déjà par avance. Une seule chose me contrariait, c'est qu'il me fallait attendre encore quinze jours. Cela me semblait une éternité, j'employai ce temps à de petites satisfactions que je me donnais, comme préliminaires de ma grande et terrible vengeance.

Un jour je déchirai un grand rideau de dentelle; un autre, ce fut sur des tasses de la Chine que j'assouvis ma colère. Je m'avisai une fois d'aller croquer un demi-poulet, fruit d'un vol, sur un fauteuil de soie bleue qui se trouva en un moment décoré d'une belle rosace de graisse au milieu de son siége; dans le jardin, je fis trous sur trous. J'étais tellement exaspérée que j'aurais, je crois, démoli la maison si ma force eût répondu à ma haine.

Ce qui augmentait encore ma rage, c'est que personne ne semblait y donner la moindre attention. Les appartements où j'avais commis mes méfaits étaient fermés et ne devaient être ouverts qu'au retour de Madame de Ligneuil et de sa fille.

Enfin ce jour tant désiré arriva. Je vis qu'on nettoyait avec soin la maison, qu'on faisait les lits; qu'on garnissait les jardinières, qu'on ratissait les allées du parc. Enfin j'entendis le bruit d'une voiture dans la cour, bruit auquel succéda celui de la douce voix de Stéphanie. Mon premier mouvement fut bon; il me poussait à venir caresser ma jeune maîtresse, mais je réprimai aussitôt cette salutaire pensée et je m'enfuis au contraire au plus vite.

Il me sembla que je devais mettre la plus grande distance possible entre moi et ceux qui ne manqueraient pas de me chercher; je franchis donc plusieurs jardins et ne m'arrêtai que dans une ferme assez éloignée. Un hangar s'offrit à mes regards, je m'y jetai et me blottis derrière un gros tas de paille.

Une mauvaise action en entraîne presque toujours d'autres. Pour mettre à bonne fin mon dessein, il me fallut avoir recours au vol; car je ne pouvais revenir manger au logis sans risquer d'être aperçue. Je me résignai donc à voler ! je m'étais pourtant bien promis que cela ne m'arriverait plus!!!

J'attendis que tout le monde fût couché à la ferme. Lorsque tout me parut tranquille, je me glissai avec des précautions inimaginables jusqu'à la laiterie. La porte en était fermée hélas ! cependant je ne me décourageai pas, et à force de tourner, je découvris une espèce de trou bien étroit sans doute, mais l'appétit qui me tourmentait m'aurait fait passer par une ouverture encore plus petite.

Ce ne fut pas cependant sans peine que je me glissai dans la laiterie. Je m'arrachai quelques poils et je m'écorchai le museau ; mais enfin je réussis et quelques gorgées de lait que je pris me firent oublier mes peines; mais hélas! tout à coup une porte que je n'avais pas vue s'ouvrit et une robuste fille de ferme tenant une lanterne apparut subitement. Je voulus me sauver par l'issue qui m'avait donné accès, je pris mon élan, mais je ne pus parvenir à atteindre l'ouverture et je retombai sur le carreau de la laiterie. Pendant ce temps la fille avait saisi un gros bâton et elle m'en donna un si vigoureux coup que je crus qu'elle m'avait brisé les reins. Cependant je ne perdis pas mon temps à me plaindre, je sautai à une croisée dont je brisai une ou deux vitres, et grâce à ce saut périlleux je me vis hors d'atteinte. Pendant que mon ennemie ouvrait la porte pour me poursuivre, je me traînai dans une écurie et je me mis sous un râtelier afin de me dérober à toutes les recherches.

Je passai une affreuse nuit; j'étais fort malade. Au matin, loin d'aller mieux, je sentis mes douleurs augmenter. J'essayai de faire quelques pas, mais je ne le pus : mes pattes horriblement enflées refusèrent de me soutenir. Je me traînai comme je pus vers une sébille pleine d'eau, qui se trouvait là par hasard, et je bus abondamment; puis je m'enfonçai le plus loin que je pus sous le râtelier afin de me dérober à tous les regards.

Couchée sur une terre humide et dure, craignant à chaque instant d'être découverte et tuée, souffrant des douleurs cuisantes, telle était ma position. Elle était d'autant plus cruelle que je ne pouvais accuser que moi de mes malheurs. Une boutade à peu près semblable m'avait fait perdre à jamais ma chère et douce Sophie, et je ne m'étais pas corrigée !!!

Cette idée m'exaspérait.

Le lendemain, j'étais encore plus abattue ; malgré tous les efforts que je fis, il me fut impossible ce jour-là d'atteindre la sébille, et cependant une soif ardente me dévorait. Ah ! le comble de mes malheurs était arrivé !

Je ne sais combien de jours dura cette cruelle situation. Un matin je me trouvai un peu moins souffrante, et je sentis que je pouvais me tenir sur mes pattes. Cependant je n'osai sortir de ma cachette, mais je pus boire et j'eus le bonheur d'attraper une souris. Cette nourriture me rendit si forte que le jour suivant je pus marcher jusqu'au jardin.

En passant devant la laiterie, je frissonnai au souvenir de ce qui m'y était arrivé. L'ouverture qui m'avait livré passage avait été bouchée avec de la paille ; mais je vous assure bien que quand même elle ne l'aurait pas été, je ne me serais nullement sentie tentée de pénétrer de nouveau dans un endroit aussi dangereux. Vous ne pouvez vous figurer combien il me fallut faire de douloureux efforts pour franchir les murs. Moi, si leste autrefois, j'avais perdu toute ma souplesse. Cependant avec du courage et de la persévérance on surmonte bien des obstacles ; j'en eus la preuve dans cette circonstance. Comme je ne pouvais marcher que lentement et que j'étais obligée de me reposer fort souvent, je mis toute la nuit à regagner la maison de Stéphanie. Pendant ma route, je ruminais un moyen d'obtenir grâce pour mon escapade. Je me promettais d'être si soumise, si caressante, qu'on ne pourrait m'en vouloir quelque coupable que je fusse.

Enfin ma course s'acheva, j'entrevis la maison où j'espérais trouver repos et soins. Je vis avec étonnement que toutes les persiennes étaient fermées, cela m'étonna. Cependant comme le jour commençait seulement à paraître, je me rassurai et j'attendis dans la plus vive impatience. Hélas! ce fut en vain, aucune fenêtre ne s'ouvrit; j'en conclus que Madame de Ligneuil et sa fille, ainsi que leurs gens, étaient retournés à Paris.

CHAPITRE SEIZIÈME

BLANCHE.

JE n'ai pas besoin de vous peindre mon désespoir. Il se devine. A peine remise du cruel accident que j'ai raconté, me trouver sans asile, c'était une bien sévère punition de ma faute. La course que je venais de faire, jointe au désappointement que j'éprouvais, m'avait accablée. Heureusement l'idée du grenier de la maison me revint à l'esprit, et je m'y dirigeai en trébuchant à chaque pas. Là, couchée sur des bottes de paille, je pus goûter quelques moments de repos, et un doux sommeil ne tarda pas à me faire oublier pour un moment mes regrets et mes inquiétudes.

Ce sommeil qui dura toute la journée, répara mes forces et me donna le courage de vaquer à mon souper, qui se composa de deux souris que j'eus le bonheur d'attraper.

Je passai huit jours dans ce vaste grenier, ce repos acheva ma convalescence, et j'eus la satisfaction, en me regardant dans une des vitres de la fenêtre, de voir que j'avais repris mon embonpoint, que mon poil était redevenu lisse et brillant, et que je pouvais en toute assurance me mettre en quête d'une condition, puisque je n'avais plus la mine hagarde et l'apparence d'un chat vagabond.

Mais, je l'avais déjà éprouvé plus d'une fois dans tout le cours de ma carrière, il ne suffit pas de désirer une place pour l'obtenir, j'en eus une nouvelle preuve en cette circonstance. En effet j'eus beau soigner ma toilette, me présenter humblement, faire étalage de tous mes talents ; partout je fus repoussée : chez les uns poliment, chez les autres à grands coups de bâton ou de balai.

Et pourtant je ne pouvais rester plus longtemps dans la position que la nécessité m'avait fait adopter.

Les souris qui peuplaient mon grenier, instruites par la capture de leurs compagnes du danger qui les menaçait, se montraient d'une prudence ridicule et désespérante.

Voyant que dans la ville de Saint-Cloud, personne n'avait besoin, ni même envie d'une chatte, je résolus d'explorer les environs. Hélas ! je n'eus pas plus de succès : toutes les portes me furent impitoyablement fermées et je me vis perdue.

Un jour, j'aperçus au fond d'un hangar, une charrette toute remplie de paille. J'étais bien fatiguée, ce lit me tenta. Je profitai de l'occasion, je grimpai lestement, et me roulant dans la paille de manière à n'être pas vue, je m'endormis profondément.

Je fus réveillée par un bruit épouvantable, étourdissant. Hors de moi-même, je voulus sauter à terre, mais la charrette était déjà lancée au galop d'un fort cheval.

J'étais dans la voiture d'un boucher qui allait chercher au loin de la viande, pour la consommation journalière de Saint-Cloud. Il sifflait gaillardement un air de fanfare, tandis que je me demandais avec chagrin où allait me conduire cette nouvelle aventure.

Le boucher avait un gros chien qui suivait la voiture et qui répondait de temps en temps au sifflet de son maître, par un formidable aboiement qui me donnait la plus terrible idée de la tête, et par conséquent des dents du redoutable mâtin.

Tout à coup, la voiture s'arrêta et le boucher appela son chien près de lui. Je tremblais. Le chien, joyeux, ne fit qu'un bond sur la paille sous laquelle j'étais, il me sentit et se mit à gratter, puis me découvrit aux yeux de son maître. Au chat! au chat! cria celui-ci. Puis me saisissant par la peau, il me lança sur la route. Son chien voulut me poursuivre, mais le boucher le retint par son collier et m'envoya un coup de fouet pour me remettre de ma chute. Au moment où le brutal accomplissait sa méchante action, une chaise de poste passait sur la route, j'entendis un cri d'indignation; puis ces mots: Jean, postillon, arrêtez!... Quant à moi, ma chute, le coup de fouet m'avaient anéantie. La chaise de poste s'arrêta; une jeune personne descendit, mais un domestique l'avait précédée. J'entendis dans la voiture une dame qui disait : Jean, apportez ici cette pauvre bête. Remonte, ma chère Blanche, continua-t-elle en s'adressant à sa fille. Jean me prit avec cette délicatesse des domestiques de bonne maison, qui portent un animal protégé de leurs maîtres, et me posa avec précaution sur la banquette de la voiture qui repartit aussitôt.

— Pauvre jolie petite bête ! dit la jeune Blanche. Est-il possible, maman, qu'on puisse être aussi cruel envers une chatte si délicate que celle-ci. Voyez comme elle tremble... Pauvre petite... Il est bien heureux que nous nous soyons trouvées sur la route au moment de cet accident. Voulez-vous que nous l'emmenions à la Briche, ma chère maman ?

— Certainement, ma chère fille.

Tu penses bien que nous n'avons pas sauvé cette pauvre bête pour l'abandonner de nouveau au risque de ce qui pourrait lui arriver.

Ces paroles me réjouirent infiniment, car je commençais à aimer ma jeune protectrice et sa mère. Je ne savais pas ce que c'était que la Briche, mais je ne pouvais qu'y être fort heureuse, en la compagnie d'une jeune personne aussi douce et aussi charitable que Blanche.

—Maman, dit-elle après un silence, je suis bien impatiente de revoir ma chère Blanchette. La petite Jeanne m'écrit qu'elle a deux chevreaux; un blanc et un noir. Que je vais donc m'amuser avec cette petite famille. Et puis la bonne chienne Gracieuse, et Joujou... Oh! quel plaisir... que je voudrais donc être arrivée !...

Ces paroles de Blanche me firent supposer que j'allais trouver au château, où nous nous rendions, une nombreuse société. Je ne puis dire que cette idée me fit plaisir, car vous connaissez mon funeste penchant vers la jalousie, cette terrible maladie qui empoisonne les plus doux plaisirs. Cependant je me promis d'être si caressante, que ma maîtresse ne pourrait pas faire autrement que de me préférer à Blanchette, à Gracieuse et à Joujou.

Ces consolantes réflexions me rendirent à ma gaieté naturelle, et je fis le reste du voyage fort agréablement, tantôt sur les genoux de Blanche, tantôt sur la banquette, croquant de temps en temps avec ma jeune maîtresse de très-bonnes friandises dont elle avait garni ses poches, sans doute pour se désennuyer pendant la route.

Madame de Saint-Maurice, la maman de Blanche, était d'une très-faible santé. Elle passait presque toute l'année dans son château de la Briche et ne venait à Paris que pour peu de temps, car elle aimait beaucoup la campagne. Sa fille était aussi fort contente quand on quittait l'appartement de Paris pour la Briche, où elle retrouvait avec plaisir tous les gentils animaux dont elle aimait à s'entourer.

En arrivant au château, Blanche après avoir caressé Gracieuse, grosse et bonne chienne de cour, et son petit, qui était venu au-devant d'elle, courut au jardin pour voir sa chèvre et ses petits chevreaux. Toutes ces bonnes bêtes par leur joie et leur empressement à venir voir leur petite maîtresse, me prouvaient que Blanche était bonne envers elles. Je ne puis m'empêcher ici de faire la réflexion que les enfants qui sont méchants à l'égard des animaux, se privent d'un des plus grands plaisirs de leur âge. J'aurais voulu que tous les enfants cruels se fussent trouvés là pour voir combien Blanche était connue et aimée; ils auraient comparé la réception que lui faisaient ces bêtes reconnaissantes, à l'effroi qu'ils inspirent par leur présence aux animaux qui ne voient en eux que des tyrans.

La demeure de Blanchette était en forme de chalet. Tout y était propre, soigné. La fille du concierge nommée Jeanne, était chargée de tout entretenir. Blanchette, ainsi que son nom l'indique, était une chèvre aux soies argentées, sans la moindre tache. Elle était légère comme une gazelle et douce comme un mouton. Je ne pus être jalouse d'une aussi charmante bête ; je pris le parti de me lier avec elle. Elle reçut mes avances avec politesse. Peu à peu je me familiarisai si bien que dans les heures chaudes de la journée, pendant que ma jeune maîtresse prenait ses leçons, je venais dans la cabane de Blanchette dormir au frais ou jouer avec les petits chevreaux, qui étaient aussi doux que leur mère.

« Si j'avais agi différemment et que j'eusse été assez stupide pour être jalouse de Blanchette, comme je l'avais été autrefois de Mignonne, la chèvre de Sophie, j'aurais boudé, j'aurais été malheureuse, au lieu de jouer et d'être gaie et contente. De ce moment, j'abjurai cette sotte jalousie, et je conseille à ceux qui pourraient être attaqués de ce mal cruel, de prendre ma recette et de suivre mon exemple, ils s'en trouveront mieux, ainsi que ceux qui les approchent, qu'ils font souffrir tout en se tourmentant eux-mêmes.

« J'eus tout lieu de m'applaudir de mes bons procédés envers Blanchette, car dans une circonstance bien critique elle me sauva peut-être la vie. Voici comment :

« Un jour que j'étais couchée sur l'herbe, à l'ombre d'un platane touffu, non loin d'une des petites portes du parc, je vis entrer un énorme chien, qui, avant que j'eusse eu le temps de me mettre en défense ou de me sauver, ce qui aurait été plus prudent, se jeta sur moi comme un furieux. Il enfonçait déjà ses redoutables crocs dans ma peau, lorsque Blanchette, qui de loin avait vu l'attentat, arriva bravement à mon secours. Elle envoya à mon agresseur un vigoureux coup de corne qui lui fit lâcher prise. Je me sauvai au plus vite.

Mon ennemi voulut faire payer cher à Blanchette son intervention, mais la brave chèvre le reçut en lui présentant comme les deux pointes d'un compas, ses deux cornes aiguës. Le chien sentit que s'il avançait, il y perdrait au moins un œil. Il jugea prudent de battre en retraite, et le champ de bataille resta à Blanchette.

Vous jugez que cette aventure me rendit plus que jamais l'amie de cette courageuse bête. Je fus assez heureuse pour lui témoigner ma reconnaissance, en la sauvant à mon tour d'un grand chagrin.

Un jour que j'étais dans la cuisine, j'entendis le cuisinier ordonner au marmiton de repasser son grand couteau, car, dit-il, je vais aller chercher un petit chevreau et le tuer pour le dîner.

Cette nouvelle me terrifia; je cherchai un moyen de sauver ce petit animal que j'aimais, et je n'en imaginai pas de meilleur que d'aller trou-

Enfin Blanche, guidée par moi, arriva au châlet; elle trouva sa chèvre qui bêlait tristement.

p. 283.

ver ma jeune maîtresse. Je ne fis qu'un bond de la cuisine au salon.

Blanche brodait sur le perron, j'arrivai près d'elle en miaulant de toutes mes forces et d'une manière lamentable. — Qu'as-tu, Mitis (elle m'avait nommée Mitis)! qu'as-tu? dit-elle. Je redoublai mes lamentations, en m'éloignant dans la direction du chalet de Blanchette. Ma maîtresse intriguée me suivit ; mais je pleurais toujours en courant. Enfin Blanche, guidée par moi, arriva au chalet; elle trouva sa chèvre qui bêlait tristement, et elle vit qu'on avait attaché la pauvre bête à un pieu qui se trouvait là. Cette circonstance inusitée la frappa. Voici Bianco, mais où est Bichon, dit-elle? A ces mots je redoublai mes miaulements et Blanchette fit éclater sa douleur. Il y a quelque chose d'extraordinaire, dit ma maîtresse, en détachant Blanchette qui se mit à courir du côté des cuisines, suivie de Blanche et de moi.

Le couteau était aiguisé et le cuisinier tenait déjà Bichon renversé... Blanche s'écrie : André... Que voulez-vous faire ? — Mademoiselle, dit André, je..... — Laissez ce chevreau. — Mademoiselle, c'est pour le dîner. — Qui vous a donné cet ordre ? — Mademoiselle, je croyais... — Attendez, dit Blanche, que j'aie parlé à ma mère. Elle courut tout d'un trait à la chambre de madame de Saint-Maurice. Maman, dit-elle, avez-vous donné l'ordre à André de tuer Bichon ? — Non, certes, mon enfant, — Eh bien, maman, ce méchant allait pourtant le faire. Madame de Saint-Maurice sonna et fit venir André pour lui défendre de jamais toucher à Blanchette ni à ses petits.

Pour me récompenser du service que j'avais rendu à sa chèvre, Blanche me régala d'une tasse du lait de la bonne Blanchette.

CHAPITRE DIX-SEPTIÈME

SURPRISE.

ous les jours, je me félicitais du bonheur que je goutais avec ma bonne et charmante maîtresse, cependant ne croyez pas que j'avais totalement oublié ma chère Sophie. Bien loin de là : Blanche par sa douceur, sa bonté, sa gentillesse, me rappelait Sophie et les soins dont elle m'avait comblée pendant que je lui appartenais. Je regrettais amèrement l'ingratitude que je lui avais montrée, lorsque je m'étais enfuie de Charmont; vous savez que mes remords n'étaient pas causés par ma situation, puisque j'étais fort bien traitée à la Briche; ils venaient donc uniquement de mon attachement et d'un souvenir bien tendre que je conservais à ma maîtresse bien-aimée, que j'avais offensée, aveuglée que j'étais par mon ingratitude et ma jalousie.

Un jour que j'étais couchée sur le canapé du salon; plongée dans une espèce de demi-sommeil, Blanche et sa mère entrèrent.

Madame de Saint-Maurice tenait quelques lettres qu'elle se mit à lire. Tout à coup elle dit à sa fille : J'ai une bonne nouvelle à t'apprendre, ma chère Blanche.

— Qu'est-ce donc, maman?

— Devine.

Blanche chercha quelques minutes.

— Je ne puis pas deviner, dit-elle.

— Une personne que tu aimes beaucoup va venir ici passer quelque temps.

— Oh! maman, alors je sais qui. Ce ne peut être que Sophie.

A ce nom, vous pensez si je dressai l'oreille. Mais me dis-je, ce peut être une autre Sophie que mon ancienne maîtresse.

Tu as deviné, ma chérie, dit madame de Saint-Maurice. C'est elle en effet. Elle vient dans huit jours avec sa mère passer un mois avec nous.

— Oh! quel bonheur dit Blanche; mais un mois c'est bien court.

— Madame des Rizières, continua madame de Saint-Maurice, m'écrit qu'elle vient de vendre Charmont. J'ai l'idée de lui proposer la maison de campagne qui est au bout du parc. De cette manière, Sophie et toi, vous seriez tout l'été ensemble. A ces mots Blanche fit un saut de joie en s'écriant : oh! maman, chère maman, quelle jolie idée que vous avez eue là. Que je suis heureuse !.. Ma chère Sophie que j'aime tant! maman vous ne pouviez me faire un plus charmant plaisir.

Pendant que Blanche embrassait sa mère, j'étais livrée au plus grand étonnement. Je ne pouvais plus douter que c'était Sophie des Rizières que j'allais revoir.

Ma chère maîtresse que je regrettais tant allait venir! Mais en même temps, je réfléchissais qu'il faudrait peut-être quitter la douce Blanche et la Briche où j'étais si heureuse. Blanchette, Bichon et Bianco excitaient aussi mes regrets.

Cependant me disais-je, si ma bonne Sophie allait venir demeurer ici, je la retrouverais sans quitter Blanche ; mais si madame des Rizières ne veut pas acheter la maison du parc.

Quitter Blanche, malheur ! malheur !

Ne pas aller avec ma bonne Sophie, quel désespoir !

En vérité, jamais chatte ne s'est trouvée dans une position aussi délicate que la mienne.

Je passai les huit plus cruels jours de ma vie. Tantôt je me réjouissais de retrouver Sophie ; tantôt je me disais que j'aimerais mieux ne jamais manger de poulet de ma vie, que de quitter Blanche.

Le huitième jour mes anxiétés devinrent si fortes, que je crus que je deviendrais folle. J'étais tellement préoccupée, que j'oubliai de déjeûner. Qu'as-tu, Mitis? me dit Blanche, serais-tu malade? Oh! si tu connaissais Sophie, tu ne serais pas si triste; tu te réjouirais de la voir. Elle vient aujourd'hui, le sais-tu?

Je fis entendre un léger miaou. Tu verras, continua-t-elle, comme tu seras heureuse. Elle est si bonne envers les animaux.

A midi, un bruit de voiture annonça Sophie. Je fus si éperdue que je me mis à courir par le salon, me heurtant partout sans pouvoir trouver la porte. Enfin comme j'entendis qu'on venait, je me fourrai sous le canapé.

— C'était Sophie !

Elle arrivait tenant Blanche par la main, et paraissant bien joyeuse de se trouver avec elle.

Elles s'assirent toutes deux sur le canapé et se mirent à causer. Pendant ce temps, blottie dans ma cachette, je ruminais diverses pensées et je cherchais le moyen d'aborder Sophie.

— Ma chère Blanche dit tout à coup mon ancienne maîtresse, comment se porte Blanchette ?

— Très-bien, très-bien, ma chère, elle a deux chevreaux.

— Vraiment ! Oh que j'aurai de plaisir à les voir. Sont-ils jolis ?

— Charmants ; mais j'ai une nouvelle bête, une chatte jolie et fort intelligente.

— Ah ! chère Blanche, j'en avais une que j'aimais beaucoup; mais elle a été ingrate. Elle m'a quittée. Si intelligente que soit ta chatte, elle ne peut l'être plus que ma Liline. Quand je lui disais *Kiss me*, elle sautait sur mes genoux et venait m'embrasser.

A ces mots *Kiss me*, je ne pus résister, je sortis de ma cachette, et, sautant sur le canapé je m'élevai sur mes deux pattes de derrière, posant délicatement celles de devant sur l'épaule de Sophie, je lui montrai que je n'avais point oublié l'anglais; puis me retournant vers Blanche, je lui donnai la même preuve d'amitié.

Vous jugez de la stupéfaction des deux jeunes filles.

— C'est ma chère Liline, s'écria Sophie.

— Mais c'est aussi Mitis, dit Blanche.

Je suis sûre que bien des enfants, à la place des deux amies, se seraient disputées d'une manière horrible, mais vous connaissez assez le caractère de l'une et de l'autre, pour savoir qu'il n'en fut rien.

Sophie me prouva par des caresses qu'elle m'avait pardonné.

— Ma chère Sophie, dit enfin Blanche, puisque Mitis est à toi, je dois lui dire adieu.

— Non, non Blanche, c'est moi qui dois renoncer à Liline.

— Tu la possédais avant moi.

— Je te la cède.

— Je ne veux pas que tu te prives de ta Liline.

— Je serai désolée de te causer le chagrin de perdre ta Mitis.

— Adieu Mitis !

— Adieu Liline !

A ce moment, madame de Saint-Maurice et madame des Rizières entrèrent ensemble dans le salon.

— Eh bien, ma chère fille, dit madame de Saint-Maurice, je crois que tu vas être contente, madame des Rizières achète la maison du parc. Sophie et toi vous ne vous quitterez plus. Cet hiver nous reviendrons ensemble à Paris.

Pendant que Blanche sautait au cou de sa mère, Sophie embrassait madame des Rizières, puis elle tombèrent dans les bras l'une de l'autre.

Deux nouvelles personnes entrèrent alors dans le salon.

C'était Félix des Rizières et son précepteur.

Par la conversation, j'appris que Félix corrigé, était revenu dans sa famille.

Moins de huit jours après l'arrivée à la Briche de Sophie, monsieur des Rizières qui était resté à Paris pour des affaires d'intérêt, revint rejoindre sa femme et ses enfants; la maison du parc fut achetée, et ils s'y établirent heureux d'être si voisins de la Briche, où ils venaient souvent; car ces deux familles étaient fort unies.

Un jour que les trois enfants jouaient dans le jardin, on leur apporta un goûter composé de gâteaux et de lait. Le domestique mit le tout sur une table du jardin et se retira. J'étais à ce moment couchée sur un banc.

Les enfants arrivèrent en courant.

— Il faut avouer, dit Blanche, que Liline est une chatte bien extraordinaire. Elle n'est ni gourmande, ni voleuse. On a servi devant elle une quantité de friandises qu'elle aime beaucoup, et elle n'a touché à rien. Cela vaut bien un biscuit. Elle me le donna.

— Je l'ai connue moins parfaite, dit Sophie. Quand elle était à la maison, elle ne se faisait aucun scrupule de prendre tout ce qui lui convenait. Elle s'est corrigée. Elle a bien fait.

—Liline a fait comme moi dit Félix.

— Chut ! mon frère, dit Sophie, ne parlons plus de cela.

— Pourquoi cela, ma bonne sœur, puisque je me suis corrigé. Je veux au contraire raconter à Blanche mes fautes et ma punition; c'est ce qu'il fit, puis quand il en fut à son départ pour la pension, il continua :

« Quand j'arrivai au collége, chacun s'informa du motif qui avait porté mes parents à m'y mettre dans un âge aussi avancé.

« — Il faut que ce soit une punition, dit l'un.

« — Il est sans doute paresseux, dit l'autre.

« — Ou menteur dit un troisième ; personne ne se doutait du véritable sujet de ma punition.

« Je réfléchis que si j'avouais ma

faute, tout le monde s'éloignerait de moi. Cependant je conclus que la volonté de mon père étant que je fusse puni, je devais par ma franchise, réparer autant qu'il était en moi, le scandale que j'avais causé.

« Vous vous trompez tous, messieurs, dis-je. La faute qui m'a amené ici est plus grave que toutes celles que vous venez de nommer.

« Tous les enfants se rapprochèrent curieusement. Je pensai à toi, ma bonne sœur, à toi si franche et si courageuse, et reprenant la force nécessaire. Je dis : j'ai été voleur. Voleur! dirent tous les écoliers, et ils s'éloignèrent de moi, à l'exception d'un seul, nommé Louis de Rémivend.

« Il me tendit la main : — J'aime beaucoup votre franchise me dit-il.

Elle prouve que vous êtes corrigé. Voulez-vous être mon ami?

« Vous jugez si je l'embrassai. Nous devînmes si étroitement liés qu'on ne nous appelait dans toute la pension qu'Oreste et Pylade.

« C'est à cette intimité que je dois ma guérison. Lorsque j'étais tenté de commettre une mauvaise action, j'allais trouver Louis et je lui avouais tout. Il me donnait toujours des conseils que je suis bien heureux d'avoir suivis; car ils m'ont ramené près de toi, ma chère Sophie. Quelques jours après, j'eus lieu de me féliciter d'avoir dit toute la vérité; car il arriva au collége un garçon qui connaissait l'histoire de Prosper. Il crut bien m'intimider en la racontant; mais il fut accueilli par des huées et ne reçut que des moqueries pour prix de sa délation. Nous savons tous ce que tu viens de nous dire, lui fut-il répliqué, Félix l'a avoué lui-même. C'est une preuve qu'il s'est corrigé. Quant à toi, tu n'es qu'un rapporteur et tu dois être un mauvais camarade. Nous ne nous lierons pas avec toi.

« En effet, personne ne fit de lui son ami, et moi je gagnai peu à peu l'estime de tous mes condisciples.

« Mon père mis au courant de tout, abrégea alors mon expiation, et ma peine fut réduite de moitié. C'est pourquoi je suis aujourd'hui avec vous. »

L'histoire que Félix venait de raconter avait vivement ému les deux amies. Elles avaient les larmes aux yeux. Sophie embrassa son frère; puis ils reprirent tous trois leurs amusements.

Le récit que je venais d'entendre m'avait attendrie, cependant cet attendrissement ne m'empêcha pas de croquer un gâteau qu'on venait de me donner; il est vrai que je pouvais le faire en toute sûreté, puisque je ne l'avais pas volé!

Ayant fait bonne justice de tous mes défauts, c'est-à-dire n'étant plus ni voleuse, ni curieuse, ni cruelle, ni jalouse, je suis maintenant la plus heureuse des chattes, avec mes deux maîtresses. J'espère bien que je ne les quitterai jamais.

Je voudrais que tous les enfants, entre les mains desquels tombera mon histoire, prissent exemple sur moi; ils quitteraient bien vite tous ces vilains défauts qui les déshonorent, les rendent malheureux et désolent leurs bons parents. Qu'ils soient bien persuadés surtout, que la franchise est une éponge qui efface bien des taches, que le mensonge ne sert qu'à rendre plus horribles. Ils ont dû voir que, dans tout le cours de mon récit, j'en ai fait preuve, et qu'ils m'ont trouvée excusable grâce à ce système de franchise dont j'ai toujours fait usage.

FIN DES MÉMOIRES D'UNE PETITE CHATTE.

L'AUTEUR

A SES JEUNES LECTEURS

J'AI trop bonne opinion de votre raison, mes chers enfants, pour ne pas être persuadée que vous ne vous imaginez pas que l'histoire que vous venez de lire, a été écrite ou même dictée par une chatte. Vous savez bien que cela est impossible. J'ai employé ce moyen, afin de faire passer sous vos yeux, un foule d'enfants *que j'ai connus*, et dont, sous des noms supposés, je vous ai raconté l'histoire. Vous pouvez être assurés que *tous les faits* que vous venez de lire sont de la plus exacte vérité.

Félix, Georges, Blanche, Sophie Angéline, Mariette, etc., etc., existent bien réellement. Les événements qui leur sont arrivés m'ont été racontés par eux-mêmes. J'ai espéré vous être agréable en vous les faisant connaître. Me suis-je trompée?

FIN

TABLE DES MATIÈRES

	Pages.
Préface.	v
La curiosité punie.	1
La mère Jérôme.	17
Mademoiselle J'ordonne	38
La petite fée.	56
La dînette.	77
Les saltimbanques	100
Encore Mademoiselle J'ordonne	126
La bonne sœur.	144
La capricieuse.	159
Le mensonge.	175
Mariette.	188
Jules et Alphonsine.	204
Le plus horrible des défauts	219

La jeune bienfaitrice. 235
La vengeance d'une chatte. 255
Blanche. 268
Surprise. 286
L'Auteur à ses jeunes lecteurs. 304

Corbeil, typ. et stér. de C lté.

www.ingramcontent.com/pod-product-compliance
Lightning Source LLC
Chambersburg PA
CBHW060459170426
43199CB00011B/1261